COLECCION SUPERACION PERSONAL

D1562925

COLECCIONES

Ejecutiva
Superación personal
Salud y belleza
Familia
Literatura infantil y juvenil
Con los pelos de punta
Pequeños valientes
¡Que la fuerza te acompañe!
Juegos y acertijos
Manualidades
Cultural
Espiritua
Medicina alternativa
Computación
Didáctica
New Age
Esoterismo
Humorismo
Interés general
Compendios de bolsillo
Aura
Cocina
Tecniciencia
Visual
Arkano
Extassy

Eduardo Zavala
Mr. Entusiasmo

SÍ SE
PUEDE

Obra publicada inicialmente con el título de *La grandeza de ser*.

SELECTOR
actualidad editorial

Doctor Erazo 120
Colonia Doctores   **Tel. 55 88 72 72**
México 06720, D.F.   **Fax: 57 61 57 16**

SÍ SE PUEDE

Diseño de portada: Eduardo Chávez
Ilustración de interiores: EKO

Copyright © 2000, Selector S.A. de C.V.
Derechos de edición reservados para el mundo

ISBN: 970-643-240-X

Décima reimpresión. Febrero de 2005.

NI UNA FOTOCOPIA MÁS

ESTA EDICIÓN SE TERMINÓ DE IMPRIMIR EN LITOGRÁFICA PIRÁMIDE S.A DE C.V.
VIDAL ALCOCER #56, COL. CENTRO C.P. 06020 MÉXICO D.F. TELS: 5704 3827 • 5704 6175

Características tipográficas aseguradas conforme a la ley.
Prohibida la reproducción parcial o total de la obra
sin autorizacción de los editores.
Impreso y encuadernado en México.
Printed and bound in Mexico.

Contenido

Introducción

uando aún era adolescente, un amigo de la infancia, me obsequió un libro cuyo título en inglés era *I Dare You* (*Tu Reto*) y era mi primera lectura motivacional. De manera similar, deseo que me consideres tu amigo y recibas este libro que:

¡Reta a tu grandeza!

Desde el principio de la humanidad, se han considerado muy importantes la preparación, el estudio y el cultivo de la mente. Alejandro el Grande, conquistador de su mundo, lo corrobora cuando dice: "Le debo más a Aristóteles, mi maestro, que a Filipo que me dio el Reino".

Esto te lo digo porque el hombre es un ente dinámico en constante crecimiento que nunca permanece estático, que siempre está en "proceso" de evolución y crecimiento por lo que debe esforzarse, nutrir su espíritu y vencer sus propios límites.

Así como suspendes tus actividades rutinarias para poder alimentar tu cuerpo, por lo menos una vez al día, hay quienes lo hacen **dos**, tres y hasta seis veces al día, ¿Por qué no alimentar **tu** mente tres, seis, nueve, 20 veces al día o tantas **veces** como hábito te formes? ¿Cómo?, con un sistema **de** alimentación mental diario: Una frase positiva, un **texto** que ilumine tu pensamiento, ese casete motivacional, esa plática de aliento, la canción que con su **melodía** y mensaje "levanta" tu ánimo, esa conversación **con** algún ser querido llena de vigor, los momentos **de profunda** meditación que te permita evaluar tus resultados, la película, la obra de teatro que te aporta ideas de superación personal, el libro que te enfrenta contigo mismo... es esto último lo que me he propuesto. Lo **que** pretendo al plantearte nuevas interrogantes, es **lograr** que adquieras conocimiento de tu persona que **mediante** el análisis y la reflexión reconozcas en la **intimidad** tus debilidades, intentes el cambio y encuentre razones poderosas que hagan de ti un nuevo y **diferente** ser humano.

Comúnmente presentas **una** actitud defensiva ante lo desconocido, lo nuevo; te **engañas** a tal grado que das por obvio el conocimiento **de** principios que te conducen hacia una plena realización y concluyes diciendo: "Eso ya lo sé..." "Ya lo **había** escuchado..." Si así es, te pregunto: ¿Por qué sigues **cometiendo** los mismos errores y teniendo los mismos **hábitos** de comportamiento negativo que te caracterizan? ¿Por qué sigues arrastrando toda una cadena de **amargura** y frustración...?

Permíteme contarte la **anécdota** de un joven fornido que estaba tratando **de mover** una roca de gran tamaño, que obstruía su camino; por largos minutos lo había intentado sin conseguirlo. En ese momento llegó su padre y le dijo: —Hijo, usa toda tu fuerza—; el muchacho, en tono rebelde, le contestó: —¿Padre, qué te hace pensar que no estoy usando toda mi fuerza? Ve cómo trabajan mis músculos y cómo me escurre el sudor por la frente... ¡estoy usando toda mi fuerza! Su padre le respondió con voz firme: —La prueba de que no estás usando toda tu fuerza es que no me has pedido ayuda, ¡yo soy parte de tu fuerza!

Ésta es la filosofía que me inspiró a escribir este libro. Sé que al leerlo me darás la oportunidad de compartir mi verdad, una verdad que te ayudará a mover tu roca, esa "roca" que quizá ni siquiera has movido milímetros y que te impide emplear toda tu potencialidad.

Durante los últimos 15 años he vivido una serie de experiencias que deseo comunicarte. He leído decenas de libros motivacionales, participando en cursos referentes al pensamiento posible, escuchando conceptos y reflexiones sobre cómo mantener una actitud mental positiva, invertido cientos de horas trabajando sobre mi mente, sobre mis hábitos de pensamiento. He tenido la gran oportunidad de impartir capacitación al personal de diversas organizaciones, así como una gran cantidad de conferencias de participación individual, en donde he manifestado mis ideas en relación al éxito y cuyo primer paso sin lugar a dudas es: PENSAR POSITIVAMENTE.

Después de todas estas vivencias y conforme más conozco a la gente, tanto en cantidad como en calidad, me he dado cuenta de lo increíblemente difícil que resulta para el ser humano mantener una Constante calidad mental positiva y así ser Feliz.

El punto de partida no está en la familia a la que perteneces, ni en la sociedad de la que formas parte, ni en la escuela donde estudiaste, ni en el trabajo o actividad que desempeñas y mucho menos en tu país. Amigo y amiga mía, Tú eres ese punto de partida que se inicia con tu forma de pensar. Cómo quisiera tener la fuerza verbal o el poder de la palabra escrita para insistir en este punto, porque Aprendiendo a pensar de manera positiva, aprenderás a vivir intensamente y es por esto último que deseo que en

Reta a tu grandeza

encuentres pensamientos creativos y edificantes, ideas revitalizadoras, frases que te inviten a la reflexión y al análisis, mensajes que te aporten moralejas importantes, en suma, que descubras una información que fecunde tu mente con la semilla de la Grandeza que estás llamado a Retar.

¿Quién eres...?

No pretendo presentarme ante ti como una persona que cree saberlo todo. Asimismo, no quisiera que malinterpretaras la intención de esta pregunta del capítulo; decidí llamarla de esta forma porque mi principal objetivo es... captar

¡Tu atención!

Respeto profundamente tu individualidad y tu condición de ser humano.

Creo que uno de tus principales logros es el buen uso que hagas con tu tiempo y, en verdad, me emociono cuando pienso en cada uno de los momentos que has invertido desde el primer instante en que decidiste adquirir:

Reta a tu grandeza

Te participo que nace una gran responsabilidad en mí al imaginarte en algún lugar, en tu privacía, concediéndome parte de tu tiempo; y me transporto en el tiempo y en la distancia hasta encontrarme contigo frente a frente, tú y yo sin convencionalismos, dialogando, conversado, compartiendo e interpretando mi sentir. En el libro voy a hablar de mí como un acto de sinceridad y no de egolatría y estarás de acuerdo conmigo en que todos los seres humanos tenemos tanto en común, somos tan idénticos y nos movemos por cosas tan similares, que al hablar de mí estoy refiriéndome a ti y al conocerme íntimamente estoy adentrándome en ti, porque yo he estado donde tú estás y he sentido lo que tú estás sintiendo; he estado "abajo" y he estado "arriba" y al igual que tú he pasado por circunstancias difíciles y las he calificado como únicas y tal vez, como tú, he considerado estos problemas como si estuviera naufragando en una isla... Quizá te esté sucediendo lo mismo.

Uno de los principales Retos, el primero que he tenido a lo largo de mi vida, es el de responder a la pregunta: ¿quién soy? ¿te la has formulado tú...? ¿Quién eres tú?

¿Te lo has preguntado...? No con un enfoque superficial, vago, ni común, sino Indagando, hurgando, rasgando la verdadera esencia de tu ser.

He de ser honesto al confesarte mi inconformidad ante las respuestas que he encontrado, pero sé que estoy en la permanente búsqueda de mi propia identidad. Es un Reto que me propuse años atrás y cada vez descubro nuevas facetas, detecto en mí un inmenso potencial y estoy seguro de que lo mismo te sucede ti, en tu interior descubrirás un sinnúmero de alternativas si tan sólo haces un alto en tu camino y te enfrentas al juez inflexible de tus actos, que ERES TÚ MISMO.

No sé de dónde eres, ni de dónde vienes; a qué tierra le perteneces y cuáles son tus raíces; la gran Metrópoli, el pintoresco pueblo, el campo o la ciudad; cualquiera que sea tu lugar te aseguro que lo consideras un medio hostil que se traduce en un "quehacer-pesado" y en "rutina-monótona": el trabajo, la escuela, la familia, la sociedad, los amigos y los vecinos, los medios masivos de información, los horarios y las distancias, los deberes, las obligaciones y los compromisos, las creencias y los ritos, lo material y lo económico... todo hace que te encuentres postrado ante tus sueños y anhelos y pierdas la perspectiva de tu horizonte personal, que descubrirás en:

¡RETA A TU GRANDEZA!

Para orientarte en un plano necesitas conocer cuál es el norte o el sur, debes saber tu localización y ubicación exacta y a partir de ese punto, desplazarte. De igual manera para saber qué "marcador" llevas, si eres un ganador o perdedor, si avanzas, si aprovechas la oportunidad de vivir y si la estás desperdiciando miserablemente; necesitas contestarte a ti mismo, con valor, con autocrítica, sin engaños, con coraje y sinceridad.

¿QUIÉN SOY?

Nuestra infancia es un mundo de sueños, los varones sueñan con ser pilotos y policías y las niñas encontrar un príncipe azul, como en los cuentos de hadas.

..."Y FUERON MUY FELICES POR EL RESTO DE SUS DÍAS. COLORÍN COLORADO ESTE CUENTO SE HA ACABADO".

¿Por qué se esfuman los sueños?

¿En dónde quedaron la confianza y la seguridad de tu niñez?

¿Por qué dejaste de preguntar...?

¿Por qué nos "perdemos en lo que nos dicen que debemos ser y hacer"?

— Tener un título universitario... y la mayoría NO lo tiene.
— Ser famoso... y la mayoría ES DESCONOCIDO.
— Alcanzar una buena posición social... y la mayoría ENVIDIA la que otros poseen.
— Lograr un reconocimiento en el trabajo... y la mayoría lo realiza de manera HUECA Y VACÍA.
— Crear un patrimonio... y la mayoría VIVE AL DÍA, en el mejor de los casos.
— Ser feliz, tener fe... y la mayoría RENIEGA DE HABER NACIDO.

Estos contrasentidos se presentan como una realidad aplastante, ya que eres producto de la programación mental a la que te sometieron. Desde pequeño el "medio" te programó con actitudes muchas veces negativas y te has convertido en parte de una mayoría, que sigue la corriente, que no piensa. Desde tus primeros años te robaron lo más preciado Tu INDIVIDUALIDAD.

> Todas tus frustraciones, miedos y temores, hacen que pierdas de vista tu punto de partida, no sabes cuál es tu origen, qué te pasa, en dónde estás y mucho menos hacia dónde te diriges.

> ¿Qué niño no sueña con ser alguien grande, feliz; ser el héroe de la historia?

Física y mentalmente no hay nadie como tú, eres tu propio universo. Así como las huellas digitales te hacen un ser DIFERENTE a los demás, también posees una mente cuyo funcionamiento y alcance no tienen límites... no exagero. Comencemos por hacer juntos un inventario de los recursos físicos con los que cuentas:

TUS OJOS

Esos maravillosos receptores de imágenes que te permiten apreciar formas, colores, un radiante amanecer, el firmamento estrellado, la sonrisa y la mirada del ser amado...

TUS OÍDOS

Que te transportan al mágico mundo del sonido, en donde se conjugan armoniosamente la música, el canto alegre de las aves o un "te amo" en labios de la persona amada.

Tu BOCA — Fantástica cavidad por la que penetran los alimentos y de la que surge la voz, medio con el que puedes expresarte y comunicarte.

Tus MANOS — Herramientas perfectas de la creación, instrumentos únicos de fuerza y tacto, portadoras de la comunicación mágica, la escritura, el toque artístico o un cálido saludo.

Tus PIERNAS — Maravillas del movimiento sincronizado, que te permiten caminar, correr, saltar y danzar.

Tu CORAZÓN — Máquina incansable hora tras horas, durante el día y la noche, despierto o dormido, bombea la sangre a través de venas y arterias.

Tus PULMONES — Que filtran y purifican el oxígeno que te da la vida.

Tu PIEL — Mágica coraza que crece contigo: flexible, resistente que te cubre del exterior y por medio del tacto, da paso a las sensaciones.

Tu CEREBRO — Que pese a su pequeño tamaño, almacena millones de células nerviosas que lo hacen la estructura más compleja del Universo, la computadora más perfecta que alberga tu MENTE, el prodigio más grande que posees.

Son demasiados privilegios ¿verdad...? Hemos repasado brevemente tu "activo" personal y confío en que vas a reconsiderar el concepto que tienes de ti. Saca de tu interior la fuerza necesaria para revitalizarte. Sé que únicamente estás cansado y agobiado. Despierta del letargo en que te encuentras y mira con entusiasmo tu futuro. Todavía tienes mucho que dar, ¡no claudiques! Erradica ese sentimiento de fastidio y "vejez mental" que en ocasiones te agobia. Recuerda que la juventud es solo UN ESTADO MENTAL y quien se mantiene joven de espíritu cuenta con la chispa que enciende las turbinas de energía que todos poseemos y que nos lanza a la conquista de nuevos horizontes, con un panorama diferente lleno de RETOS Y GRANDES SATISFACCIONES.

Recupérate... ¡sé TÚ! Ten confianza y seguridad en ti.

Se necesita de un valor personal muy especial para "reorganizar" tus recursos. Formúlate tantas preguntas como dudas e inquietudes se te presenten. A lo largo de estas líneas encontrarás algunas, otras se te van a ocurrir, defínelas y busca tus propias respuestas.

Tal vez sea necesario recordarte que eres:

UN MILAGRO DE LA NATURALEZA

Precisa tu verdadero propósito existencial, comienza por hacer un análisis profundo de tu persona. Es probable que no hayas pensado en la GRANDEZA que en ti habita.

Así pues, HOY MISMO, párate frente a un espejo de cuerpo completo y mírate a los ojos profundamente, sin parpadear, en silencio, por unos minutos. Si nunca lo has hecho vas a experimentar una sensación muy especial, quizás tengas el impulso de esquivarte o evadirte. Inténtalo de nuevo, no obstante que al hacerlo por segunda ocasión veas cómo se te "desfigura" el rostro. No te alarmes, sucede con frecuencia, te estás adentrando en ti; posteriormente sentirás la sangre que fluye por tus venas y la fuerza poderosa de tu ser. Es importante que estés repasando mentalmente los RETOS que estás llamado a vencer, repitiéndote que SÍ LOS PUEDES LOGRAR.

Cualquier cosa, por difícil que te parezca, tendrá solución o podrás realizarla siempre y cuando CREAS FIRMEMENTE EN TODAS TUS CAPACIDADES Y HABILIDADES y lo mejor será que podrás contestar la primera de todas tus dudas:

¿QUIÉN SOY?

La villa
donde todo
puede ser posible

FÁBULA

$\mathcal{H}$abía un hombre de 70 años que andaba perdido por   el desierto y tenía hambre y sed. Había caminado durante mucho tiempo tras la búsqueda de la verdad y de sí mismo. De pronto vio a lo lejos un oasis y hacia allá dirigió sus pasos.

Al aproximarse, distinguió un letrero que decía: "Bienvenidos a la villa donde todo puede ser posible", entonces se acercó con la esperanza de encontrar a alguien que le ofreciera algo de comer y de beber.

El viejo no daba crédito a lo que sus ojos veían: a lo largo del lugar se extendían muchas casitas blancas, todo era luz y alegría.

Tocó en la primera puerta y salió a abrirle un pequeño de siete años de edad.

El anciano dijo: hijo mío, tengo hambre y sed, pues llevo muchos días caminando por el desierto sin probar bocado.

—Pase usted buen hombre —contestó el pequeño.

—Sólo deseo un pedazo de pan y un poco de agua para calmar la sed.

En cosa de 15 minutos, el niño le trajo los manjares más apetecibles que el anciano hubiera visto en toda su vida. Sin cuestionar más, el anciano empezó a comer, mientras el pequeño le traía vino y viandas; las cosas más deliciosas del mundo.

Cuando estuvo satisfecho, llamó al chiquillo y le pidió que agradeciera a su familia todo lo que habían hecho por él.

—Tu madre debe ser una gran mujer, sólo alguien que posee una gran bondad y sabiduría puede preparar estos manjares en tan poco tiempo.

—Mi madre no se encuentra en casa. Yo solo hice todo.

—Pero... ¡No puede ser! ¡Si tú tienes a lo sumo siete años!

—Recuerde que estamos en La villa donde todo puede ser posible —contestó el niño.

—Pero, ¿cómo es eso?

—Muy sencillo; dígame, ¿cuántos años le gustaría tener?

—¡Ah!, si eso fuera posible, me gustaría tener de nuevo 35 años.

No bien había terminado de formular su deseo cuando el anciano comenzó a recobrar su juventud. Las canas y las arrugas desaparecieron y por su cuerpo corría el vigor de un hombre joven.

Soltó su bastón y exclamó: —La Villa donde todo puede ser posible me devolvió la juventud—. Y salió corriendo lleno de felicidad.

Después de varias horas se detuvo a tomar aliento y dijo:

—¡No puedo creerlo... tengo el entusiasmo y el físico de un hombre de 35 años, pero cuento con la experiencia que me dio la vida; no lo puedo creer, no puede ser posible, debo estar soñando!...

Con la duda, las canas volvieron a aparecer, su cuerpo comenzó a encorvarse y su aspecto volvió a ser el de un anciano de 70 años.

Entre las diferentes manifestaciones de vida que puedan existir en otras galaxias y los millones de habitantes que han poblado el planeta, no ha habido, ni habrá nadie que sea como tú, porque cuando naciste se rompió el molde, esto te hace único, y ¡e ahí tu grandeza!

¿Cómo eres
con los demás?

*A*ctúas de acuerdo al guión y papel que te han dicho debes desempeñar como empleado o propietario, como profesional o técnico, como político o directivo, como estudiante o deportista, jornalero o campesino, casado o soltero, pobre o rico, joven o viejo; todos estos esquemas de tipo social te han creado una máscara, una coraza, piensas que lo que cuenta es subsistir, sobrevivir lo mejor posible, con un solo interés... el propio,

un solo punto de vista... el tuyo,
un solo objetivo... individualista,
los demás no importan, debes
    aplastarlos,
        humillarlos,
           usarlos,
              etiquetarlos,
                  aniquilarlos...

— ¿Por qué estas peleas tan estériles?
— ¿Por qué tenemos que cuidarnos de los demás?
— ¿Por qué estas diferencias culturales y de credo, de

color y de costumbres, de nacionalidad, de nivel, de posición, de ideas sociales y económicas?
— ¿Por qué unos tremendamente poderosos y otros... sencillamente ni siquiera se hacen notar? Un número, un código, una matrícula, a lo sumo un nombre y un apellido y si acaso un domicilio y una ocupación.

> El pez grande devora al pequeño; unos contra otros; alguien a la defensiva y otros a la ofensiva; el peor enemigo del hombre es ¡el hombre mismo!

Por lo general a la primera oportunidad descargamos en nuestros semejantes todo nuestro odio y nuestra neurosis; hacemos de la comunicación hacia los demás un cuadrilátero para pelear y que resulte un vencedor; el más hábil o agresivo, frío y calculador; el que se las sabe de todas todas, el que grite más, el que sepa imponerse; una comunicación unilateral, en donde más que diálogos hay monólogos.

Uno de los principales males es que no sabes escuchar. LA NATURALEZA TE DOTÓ DE DOS OÍDOS Y UNA BOCA, quizás con el propósito de ESCUCHAR MÁS QUE HABLAR y haces lo contrario... ¿Has observado que en la mayoría de las ocasiones tratas a tu interlocutor de la misma manera que a tu televisor? Le cambias de canal en el mejor de los casos, porque la mayoría de las veces sencillamente ¡LO APAGAS...!

En una sola palabra te has deshumanizado, eres

un Robot, un autómata que se limita a actuar y a ejecutar todos los modelos de comportamiento que le han impuesto y que tú has aceptado. El rumbo ya está señalado, no importa que te lleve a más frustración y a más amargura; lo recorres una y otra vez.

No te desvías, sigues las huellas marcadas por otras generaciones; tus padres y abuelos... y no recapacitas en el hecho de que estén decepcionados y deprimidos. Todos saben que han vivido equivocados, pero no pueden rectificar pues perderían su "hombría" o "hembría". No reconocen que han estado mal, Nunca, sería tanto como denigrarse o perder terreno y no puedan darse ese lujo...

> Qué bueno que los caminos que recorres
> ya están pavimentados
> porque de tanto ir y venir ya se hubiera hecho un surco
> y la única diferencia entre un surco y una tumba
> es la profundidad

¿Qué pensarán de mí?, pudieras cavilar... y tú sigues viviendo para los demás, la crítica que de ti hagan rige tu exigencia;

Te casas: Con quien te conviene,

Te vistes: Conforme a la "moda",

Estudias: Según la vocación de otros,

Procreas: El número de descendientes que te aconsejan,

Trabajas: En el lugar y en la actividad que dicen "más te va a dejar".

Y tanto te cuidas de la crítica de los demás que terminas siendo tú mismo, un perfecto CRITICÓN.

Temes perder el reconocimiento de los demás. Si eso ocurre, probablemente te vas a sentir desnudo e impotente, una piltrafa. Vales, según tú, de acuerdo con lo que de ti más admiran o dicen que eres o representas. Entre más los deslumbres, más se arrodillarán ante ti y alimentarás tu ego, tu soberbia y vanidad... estarás más vacío como ser humano, pero con más contenido animal.

¡Qué solo estás!
¡Qué equivocado vives!
¡Qué infeliz y desgraciado eres!

No puedes experimentar momentos y minutos de intimidad armónica y pacificadora, porque intuyes que has actuado mal, pretendes justificarte conforme a los demás, te excusas en la mediocridad de los que te rodean... concluyes irresponsablemente:

¿SI ELLOS LO HACEN?... ¿POR QUÉ YO NO?

En el Paseo de la Reforma, una de las avenidas más bellas de la ciudad de México, existen, en ambas aceras, decenas de monumentos erigidos a gente que en su momento fue criticada... ¿por qué nunca habré visto el monumento de algún criticón?

Logras pequeñas y efímeras victorias que se esfuman así como vienen, no se quedan, son volátiles; segundos de dudosos triunfos, estás en constante competencia, no puedes reconocer en otros la GRANDEZA, mucho menos la reconoces en TI.

Como un sapo, Rey del pantano, que al estar contemplando su reino se percata de una luciérnaga, que vuela alegremente alrededor del batracio y provoca que éste, de un salto la aplaste salvajemente. Paralizada le pregunta: sapo, Rey del pantano, ¿por qué me aplastas?... a lo que él contesta: —Porque brillas.

Eres dañino con TU actitud ególatra y narcisista, ya que lesionas a los que te rodean: Si eres casado(a) descargas tu furia en tu pareja. También en el seno familiar, las cosas han de ser de una sola manera: la tuya, ÚNICO ENFOQUE QUE TE CIEGA. Usas y chantajeas con una facilidad asombrosa, invades la individualidad de tu pareja hijos hermanos y parientes y en general NO RESPETAS, NI TE HACES RESPETAR, así de sencillo.

Enfatizo un aspecto que considero de vital importancia en tu relación con los demás: en tu familia, como en la mía o en la de todos, existe una "línea de mando" la cual nos esforzamos por "mantener en beneficio personal y colectivo, ya sea por:

Tradición,
    interés,
        imposición,
            obligación,
                condicionamiento,

dinastía,
　　gusto,
　　　　ejemplo,
　　　　　　disciplina o
　　　　　　　　respeto.

En cualquiera de los casos sabes que el buen funcionamiento de tu familia va relacionado con qué tan fuerte
se mantenga "la cadena del mundo". A mayor y mejor
reconocimiento de la "cabeza o líder", mayor será la
comunicación y el entendimiento entre los tuyos, desde cualquier ángulo que lo quieras analizar. De igual
forma sucede en:
　La empresa o institución en donde trabajas,
　　La escuela o universidad en donde estudias,
　　　La asociación a la cual estás afiliado,
　　　　La iglesia a la que perteneces,
en la ciudad y en el país en donde habitas; en todos los
lugares y en todos los núcleos sociales para funcionar
en "óptimas" condiciones se han establecido: puestos,
títulos, rangos, niveles, posiciones, cargos, nombramien-
tos con los que, salvo contadas excepciones, quienes los
sustentan ABUSAN.
　Deja de considerarte "el amo del Universo", no
tienes ningún derecho de

　Exigir: Lo que no te has exigido a Ti mismo.
　Reclamar: Si primero no te reclamas a Ti mismo.
　Ordenar: Si no te sientes capaz de ir Tú por delante.

Por último considera el siguiente ejemplo, la pareja dice: "me caso para ser feliz..."; creo que se está cometiendo un error de apreciación fundamental, que trae funestas consecuencias. Se está supeditando a alguna circunstancia exterior la dicha tan anhelada; sin embargo, fracasarán en su intento por buscarla en caminos equivocados. Mejor sería reflexionar: "Porque soy una persona feliz me caso..." y descubrirías una perspectiva diferente. Al voltear los ojos hacia ti y abastecerte de pensamientos nobles y edificantes, sentirás que el "vacío" interior que en ocasiones experimentas, de pronto desaparece y su lugar lo ocupará una ENERGÍA que hará que te sientas seguro y confiado de lo que deseas y así podrás "desbordarte" hacia los demás, viendo únicamente los aspectos positivos de tus semejantes y fincando tu relación cotidiana en sus cualidades.

Lo mismo en el matrimonio, en la relación padre-hijo, en la relación obrero-patronal y en general, en todo tipo de relaciones humanas, encuentra su prolongación, consolidación y disfrute en la PACIENCIA Y LA TOLERANCIA.

Aprender la forma correcta de DARNOS, con talento e inteligencia, creciendo día a día en la relación, es el gran RETO, y se logrará el día que recuperes el control absoluto de tus emociones.

Recuerda que la diferencia entre un pedazo de carbón y un diamante es el pulimento y la presión a la que se somete; tal vez lo que te haga falta es aceptar tu compromiso íntimo. En vez de ubicarte en la arista superior de la pirámide, Inviértela y ubícate en el mismo punto, pero soportando todo el peso de quienes te siguen, brillando con luz propia por medio de tu ejemplo.

> Hay quienes abusan del poder
> actuando en contra de sus subordinados
> con tal prepotencia y soberbia que aniquilan
> el deseo de participar que todos traemos
> en el fondo de nuestro ser...

El hombre que en vida quiso conocer el cielo y el infierno

FÁBULA

"*E*ra un hombre rico y poderoso, acostumbrado a lograr todos sus caprichos, por irrealizables que éstos fueran. Llegó un momento en que todo lo poseía, por lo que aspiró a una cosa que nadie había imaginado nunca: conocer en vida el cielo y el infierno.

Días y noches enteras imploró para que su deseo se realizara, hasta que una noche se le apareció un ángel con instrucciones de conducirlo a la realización de su sueño.

—¿Qué es lo primero que quieres conocer, el cielo o el infierno? —preguntó el Ángel.

—Mucho he escuchado de las atrocidades que suceden en el infierno, por lo que iniciemos nuestro recorrido conociendo primero este lugar y dejemos lo agradable para después —contestó el millonario.

En fracción de segundos, se abrió ante ellos una grieta en el suelo, profunda y abismal y el hombre fue tomado de la mano para descender y llegar, después de momentos que parecieron eternidades, al fondo mismo de la tierra.

—Ésta es la entrada del infierno —le informó el enviado. Ante ellos, una puerta de madera alta y estre-

cha, semiabierta, los invitaba a cruzarla. Inmediatamente
después le seguía un pasillo profundo y angosto, cubierto por una alfombra roja, cuyo fin no se distinguía
por la obscuridad.

¡Adelante! Y recorre lo que nadie antes en vida ha
hecho, sentenció el guía.

Al hacerlo se sintió invadido por una atmósfera
lúgubre y pesada. Después de unos minutos, llegó a
una estancia muy amplia en cuyo centro se encontraba
una mesa rectangular de enormes dimensiones con las
bebidas y los manjares más apetecibles que el hombre
había visto.

—Increíble que en el infierno me encuentre con
tan suculentos platillos! —exclamó con asombro. ¡Calla
y observa! —volvió a escuchar.

Cuál sería su sorpresa al acercarse a estos persona-
jes y ver que tenían los brazos muy cortos y esto les
impedía alcanzar su boca cada vez que intentaban lle-
varse un poco de alimento. Al darse cuenta del suplicio
de esa gente y constatar su sufrimiento, suplicó con
desesperación salir de ese lugar. De inmediato fue tomado de la mano para elevarse y llegar a la entrada del
cielo, una vez recuperado de la amarga impresión que
le había dejado su visita anterior.

Ante él, una puerta, con las mismas características
de la otra, semiabierta, dejaba ver un pasillo similar,
en esta ocasión, con la alfombra azul. Al dar sus primeros pasos experimentó una profunda paz dentro de sí.
De las paredes surgían notas musicales celestiales y del

fondo una luz intensa iluminaba su camino. Al llegar al final se encontró con una estancia parecida a la otra, salvo por el ambiente cálido y alegre que se respiraba.

— Sabía que aquí tenía que ser diferente. ¿Qué bello lugar! —comentó entusiasmado el visitante.

— ¡Calla y observa! —repitió el ángel.

Distribuida a la mitad del recinto se hallaba una mesa con idénticas viandas y refrigerios. Alrededor de la misma, los habitantes del cielo reflejaban en su rostro felicidad y regocijo, así como salud y bienestar. Sin embargo, al estar delante de ellos, casi se desmaya al notar que también sus brazos era muy cortos y estaban imposibilitados para alcanzar su boca.

—¡Qué desgracia! ¿Cómo es que están tan alegres no obstante su defecto físico? —gritó el hombre.

— ¡Calla y observa! —fue la contestación.

Y ante sus ojos descubrió una escena reveladora: los habitantes del cielo cada vez que pinchaban un pedazo de carne en lugar de intentar inútilmente llevárselo a la boca, volteaban hacia su prójimo e inclinándose con todo su cuerpo se alimentaban mutuamente.

TU RETO

*"La grandeza de un hombre
se mide por su capacidad de comprender a los demás,
para mostrar ante sí mismo la humildad necesaria
y tan olvidada hoy en día".*

MANUEL ZAVALA AGUIRRE "EL MADURO"

¿En qué te han convertido a lo largo de la historia?

*U*no de los principales Retos a los que se enfrenta la humanidad hoy en día, es el crecimiento desproporcionado de la población, La explosión demográfica.

En un principio existieron pocos habitantes, se contemplaba un crecimiento lento y aritmético. Al ser grupos tan reducidos y aislados, cada uno de sus miembros se esforzaba en aportar soluciones para satisfacer sus más elementales necesidades; además, intentaban interpretar con la poca información que tenían, todo lo que los rodeaba: fenómenos climatológicos, cuerpos celestes, extensiones territoriales en formación, peligrosas y mortales especies animales... su problema era de supervivencia.

...No contaban con garras como las que poseían las bestias que los atacaban, con una piel gruesa para protegerse del ambiente adverso, carecían de velocidad y alas para huir de los dinosaurios y reptiles y eran infinitamente pequeños en comparación de la inmensidad corpórea de los mamuts. Poco a poco fueron descubriendo distintas posibilidades y recursos para defenderse. Alguien emitió los primeros gruñidos y los primeros sonidos ordenados y mejoró su comunicación; otro más descubrió las cavernas para poder protegerse de las inclemencias atmosféricas y llamó a los demás a que lo siguieran; aparecieron las primeras armas punzantes y podían arrojarlas a la distancia en el blanco que escogieran. Se organizaban, de acuerdo con cierta "estrategia", para acechar a las bestias desde diferentes frentes y darles fin. Así fueron venciendo uno a uno los Retos que se les presentaban en su aventura existencial.

Una generación tras otra, incrementaba su legado de experiencias. Alguien concibió la rueda que apareció como respuesta a una necesidad, conquistaron mejores lugares para mejorar su "hábitat", aprendieron a sembrar "leyendo" la rutina de todos los días e hicieron suyas las diferentes épocas del año.

Su condición de seres supremos se reafirmaba: y una noche descubrieron el fuego... ¡Qué gran hazaña!... y a partir de este suceso vinieron en cascada los grandes descubrimientos: pieles para cubrirse, minerales procesados, arcilla quemada, recipientes para almacenar alimentos, antorchas, dominio de diversas especies de animales, las primeras comunidades a las orillas de los ríos, la caza, la pesca; la flora y la fauna fueron siendo suyas y lo sorprendente es que este fenómeno de descubrimiento individual lo lievó a conocer nuevos horizontes, esparciéndose a lo largo y ancho de todo el territorio continental, hasta cruzar mares y océanos, de ser nómadas, pasaron a ser sedentarios con una insaciable sed de descubrir nuevos RETOS, conquistarlos y justificar así su supremacía.

Mejoraron su comunicación con símbolos y jeroglíficos y así siguieron las grandes civilizaciones y los grandes inventos: la pólvora, la imprenta y la máquina de vapor.

El milenario cavernícola, el Homo sapiens, fue paulatinamente desarrollando aquello que lo iba a diferenciar de las demás criaturas y que lo pondría en el pináculo de la creación... su mente

Ante lo desconocido, al no encontrar explicación racional mediante su método tradicional de observación, edificaban colosales construcciones, como pirámides y templos, con las que paradójicamente demostraban su grandeza.

Posteriormente, surgen grandes hombres: Newton, Galileo, Copérnico... a pasos agigantados la evolución, el progreso y la conquista de otros continentes, que llevaban su propio proceso de desarrollo: culturas orientales como los persas y los fenicios o las dinastías chinas y los imperios americanos como los mayas, los toltecas, los olmecas y los aztecas, comunidades altamente desarrolladas.

A nuestra generación le toca el reto de asimilar lo que le ha tomado a 800 generaciones más de 50 000 años descubrir, además de hacer sus aportaciones.

Y esto es, a mi entender, la tecnología, la ciencia al
servicio de la humanidad. Se dice que el avance de los
últimos 50 años es proporcional a lo que el hombre
logró durante 5 siglos. El mundo se ha ensanchado de
norte a sur y de oriente a poniente. Hoy por hoy, un
suceso cambia el rumbo de millones de seres humanos
del orbe: Hiroshima y Nagasaki son el ejemplo exacto
y surge la crisis, ahora en lugar de ver individuos que
aporten y desarrollen, observamos multitudes e inmen-
sos conglomerados. Nos asusta el hecho de que para
poder transitar en una avenida el tránsito es alarmante,
hay filas para todo y en todos los lugares. Gente y más
gente poblando cada uno de los espacios de nuestro
territorio. Estadios repletos con cientos de miles de gar-
gantas coreando a su equipo favorito; programas que
transmiten los medios masivos de comunicación: radio, cine y televisión, ufanándose de los millones de te-
levidentes o radioescuchas con los que cuentan de uno
a otro continente.

En la actualidad cada vez son más cortos los lapsos
que se requieren para pasar de una etapa de evolución
a otra; lo que al principio requería siglos de realización,
ahora se hace en tan sólo años o meses.

Te roban tu mente y con ella tus pensamientos,
ya que no son tuyos sino de otros te han convertido
en un hombre-masa.

En los últimos 35 años la población global tuvo un aumento de 2 000 millones de personas; en los próximos 35 años éste será de unos 3 000 millones; con ello, lo más seguro es que aumenten: la pobreza, las enfermedades, el hambre, el analfabetismo y el desempleo Específicamente el cuadro educacional presenta un panorama sombrío al considerar cerca de 1 000 millones de analfabetas en el mundo. De éstos, son más de 100 millones de niños de 6 a 11 años que no tienen escuela a la cual asistir en los países subdesarrollados. Además, de los que se inscriben, sólo la mitad alcanza el cuarto año y uno de cada cinco estudia la secundaria. La alta tasa de crecimiento de la población incide en los problemas económicos, al crear una mayor necesidad de consumos que absorbe los recursos reales explotados, creando incertidumbre y caos en las relaciones intercontinentales.

Es fácil percatarnos de la precaria calidad de vida que prevalece en nuestras ciudades, conjuntos habitacionales hacinados y encimados unos con otros, como en nidos de hormigas... adonde vayas y en donde estés, recibes esa impresión de masas y multitudes que te va acompañando. Por otro lado, la prensa hablada y escrita, refuerza con datos alarmantes la situación caótica actual y te enajena con información que ellos califican como "realista".

Y así, independientemente de la contundencia de los hechos, haciendo a un lado el enfoque que conoces, en pleno siglo XX, pese a los adelantos y evoluciones que se han logrado en otras áreas te roban Tu mente.

Tienes un gran RETO: recuperarla. Todo lo que nuestra especie ha inventado, úsalo en tu beneficio; sin embargo, tienes la gran responsabilidad de desarrollar lo propio. En la actualidad la gente NO PIENSA y lo mismo le pasa a Tu creatividad que está sepultada, ya que consideras que todo está descubierto. Asimismo, las fórmulas que empleas para la solución de tu problemática, ya sean, económicas o de otra índole, están muy desgastadas y por tanto no surten el efecto deseado. Eres producto de una sociedad que está al borde de la histeria y la paranoia: asesinatos, robos, corrupción, guerrillas, tragedias, pobrezas, contrabando, drogas, injusticias, abusos, maldad, odio, venganzas, luchas... y lo peor es que tú te encuentras en el centro de este angustioso marco de referencia y corres el riesgo de comportarte como la gran mayoría, si es que no lo haces ya... Tu única alternativa es que seas:

auténtico e individual,

original y único,

pensante y creativo,

inteligente y habilidoso

deja de escuchar a la gente negativa que te rodea y te influencia negativamente y aspira a otro nivel de vida. El que ellos estén confundidos no justifica que seas como los demás ¡Sé diferente!, logra lo que no hacen los otros, piensa en las cosas que nacen en Ti y tradúcelas en resultados.

¡El mundo se hace todos los días,
todo está por inventarse, todo está por suceder,
todo está por descubrirse
y tú serás el principal protagonista
de esta fascinante aventura,
cuando así lo decidas!

La ranita
sorda

FÁBULA

"*H*abía una vez un grupo de ranitas jóvenes que jugaban alegremente alrededor del estanque que formaba parte del domicilio de sus familias. En todo momento eran vigiladas por sus padres pues éstos sabían de las frecuentes travesuras realizadas por sus hijitos cuando se encontraban reunidos. Constantemente recibían las advertencias de sus mayores en el sentido de no alejarse de sus propiedades debido al peligro que representaba andar en terrenos ajenos. Una mañana fueron invadidas por un enjambre de insectos, por lo que los pequeños batracios se dieron a la tarea de seguirlos hasta alcanzarlos y conseguir así un suculento platillo. Por un tiempo indeterminado corrieron y saltaron tras sus presas y ninguna se percató de que poco a poco se alejaban de sus casas. Por fin, terminó la persecución; algunas habían logrado su cometido, otras se lamentaban de haber fracasado pero el caso era que todas tenían mucha sed, y cuando quisieron regresar a la laguna se dieron cuenta de que estaban extraviadas.

Se internaron sin rumbo fijo en aquel valle desconocido, hasta que una de ellas descubrió a lo lejos un balde de leche fresca a medio llenar. Sin pensarlo y con enormes saltos, todas sin excepción, se echaron a la cubeta y durante algunos minutos tomaron con desesperación el líquido.

Habían ingerido tanta leche que se "empanzonaron" y al querer salir del recipiente, todavía con líquido, pataleaban con lentitud debido a su "pesadez" y se fueron hundiendo, gritando con desesperación en busca de ayuda. Al instante los sapos y ranas de la comunidad acudieron al auxilio y se dirigieron hacia donde escuchaban las angustiadas voces.

Al llegar al borde de la cubeta y asomarse por la orilla, empezaron a gritar con severidad:

— ¡Se los advertimos, no debieron alejarse de la casa!

— ¡Ya ven lo que sucede por no hacerle caso a los adultos!

— ¡Se van a ahogar sin remedio!

— ¡Qué bueno que les pasó esto para que aprendan a obedecer!

— ¡No van a poder salir, está muy alto el borde!

Desanimadas por los comentarios de sus familiares y vecinos, una a una abandonaban el intento de salvarse, ya no luchaban por salir y fueron pereciendo en el fondo de la cubeta. Sin embargo, había una ranita que entre más le gritaban, con más rapidez pataleaba, ya que al ser sorda de nacimiento, lo que veía era como abrían y cerraban sus bocas quienes a ella se dirigían y creía que le estaban lanzando porras.

— ¡Tú puedes saltar adelante!
— ¡Sigue intentando!
— ¡Te falta muy poco!
— ¡Te vamos a dar un premio!

Y la ranita sorda a los regaños e imaginándose que la estaban alentando pataleó tan fuerte que la leche se transformó en requesón y por fin pudo apoyar sus ancas traseras en una superficie sólida, así, de un salto, huyó de su prisión..."

TU RETO

Es preciso hacer un alto en la jornada,
que te permita romper con la enajenación
en la que estás inmerso,
que te impide ver más allá de la palma de tu mano
y te obstruye el camino
para alcanzar lo verdaderamente significativo:
el amor a la vida.

¿Quién es el responsable de las tragedias colectivas?

*W*illiam James, pionero de la Psicología Norteamericana, declaró:

"El descubrimiento más grande de nuestros tiempos consiste en el hecho irrefutable que el hombre es capaz de cambiar sus resultados cuando modifica sus pensamientos..."

Hoy en día vivimos un mundo de avances sorprendentes en donde la dinámica es tal que podemos tener:

Té instantáneo

Café instantáneo

Crema instantánea y

ESCEPTICISMO INSTANTÁNEO.

Ya no se cree en nada ni en nadie. Un síntoma peculiar de nuestra era es que se ha perdido LA CAPACIDAD DE ASOMBRO y es tal la enajenación que se tiene que la declaración anterior de principios de siglo, pierde su validez y trascendencia. Dime si no padeces del síndrome de las "íes":

incrédulo
        indiferente e
                insensible.

La "sordera mental" que tienes desaparece únicamente ante dramáticos acontecimientos, como el terremoto que sacudió la Ciudad de México el 19 de sep-
tiembre de 1985, que dejó un saldo alarmante de 10 000
personas fallecidas, cientos de miles de habitantes
perdieron su vivienda, cientos de edificios colapsados
y derrumbados, daños materiales multimillonarios, 12
millones de capitalinos que fueron presa de pánico, incendios y fugas de gas por doquier y en suma, el centro
de la ciudad, semidestruido, con una herida que sangra-
rá por mucho tiempo. Ante la tragedia, la impotencia:

Que si el Todopoderoso descargó su ira y su enojo
Qué si fue un castigo que nos tenía reservado
Qué si cuando nos toca ... pues nos toca
Qué se puede hacer en contra de los fenómenos naturales
¡Qué mala suerte!

Y me refiero a este ejemplo, ya que lo experimenté
con mi familia, al igual que millones de compatriotas.
Lo mismo pudo haber sucedido en cualquier parte del
mundo y te aseguro que las reacciones tendrían mucho
en común, cualquiera que sea el acontecimiento: aviona-
zos, incendios, actos de terrorismo, guerras, epidemias,
huracanes, e independientemente del lugar:

La hambruna en algunos lugares del continente africano, la miseria y pobreza en países del llamado "tercer-mundo", las luchas estériles del Mar Rojo, la sobrepoblación en la India, los enfrentamientos ideológicos en Irlanda del Norte, la violencia para dignificar a la clase obrera de Polonia. Los accidentes en plantas nucleares en Rusia y Estados Unidos.

¡EL HOMBRE, EL PEOR ENEMIGO DEL HOMBRE!

¿Difícil de creer?... Tenme paciencia y permíteme fundamentar esta acusación que ya antes hizo Hermann Hesse, y que ahora hago yo...

Regreso al ejemplo de la Ciudad de México y permite que recuerde algo de su historia. Esta ciudad fue fundada en el siglo XIV por los aztecas, recia raza de bronce, que según la historia, se les apareció el dios Huitzilopochtli y les ordenó que tenían que abandonar la región que habitaban y trasladarse al lugar en que encontrarían un águila devorando a una serpiente sobre un nopal. Después de mucho caminar la descubrieron en un pequeño islote que estaba en medio del lago de Texcoco, allí se asentaron y le pusieron por nombre Tenochtitlan (lugar de tunas silvestres; de Tenochtitlan, tierra silvestre, de *Te*, cosa dura o silvestre y *nochtli*, tuna, con la partícula abundancial, *tlan* lugar sobre el agua). Cuando llegaron los españoles, 200 años después de su fundación, en el año de 1520;

era una hermosa ciudad de aproximadamente 300,000 habitantes, asombrosamente bien trazada, con recintos religiosos y pirámides. Como ejemplo tenemos el Templo Mayor, ubicado en lo que hoy es el Zócalo y la Plaza de las Tres Culturas en Tlatelolco. Tenían tal organización que según las crónicas de Bernal Díaz del Castillo, el conquistador Cortés no vaciló en comparar la magnificencia que tenía ante sus ojos con la ciudad de Constantinopla en el Viejo Mundo.

En la época virreinal se construyó la Nueva España, conformada por lo que conocemos actualmente como México Colonial.

Edificios considerados como auténticas joyas arquitectónicas con fuerte influencia europea que mantienen el estilo de aquel entonces: catedrales e iglesias; escuelas y sanatorios, que nos recuerdan, que a lo largo del periodo colonial, se iba formando un nuevo pueblo, con toda su grandeza. Para el año de 1810, fecha en que el pueblo mexicano decide independizarse, la gran ciudad no llegaba a los 400 mil pobladores. El siglo XIX se caracterizó por intervenciones y guerras extranjeras; el Castillo de Chapultepec (residencia de los emperadores Maximiliano y Carlota) y el hermoso Paseo de la Reforma fueron testigos del surgimiento de una gran ciudad. Para entonces la capital mexicana tenía una población de 500 mil habitantes. Hacia fines del siglo XIX, principios de éste, con una dictadura de cerca de 30 años, se fincan las bases para el México Industrial, la gran metrópoli; el palacio de las Bellas

Artes y la Alameda Central nacen en esa época. En 1910 se inicia la etapa bélica de la Revolución Mexicana. Veinte años después, en la década de los treintas, éramos millón y medio de mexicanos y para mediados del siglo XX, poblábamos la capital del país, cerca de cinco millones de mexicanos.

Transcurrieron así cerca de 500 años de historia propia, muy pocos pueblos pueden sentirse orgullosos de su pasado, su cultura y sus tradiciones. Quiero detener mi reseña porque considero importante resaltar el hecho de que el Valle de Anáhuac en todo momento se vio amenazado por fuertes movimientos sísmicos y frecuentes inundaciones por ser una zona de abundantes precipitaciones pluviales. Continuaré diciendo que, en 1950, el país se había transformado en una hermosa realidad y la gran capital se había ganado el calificativo de la Ciudad de los Palacios. Gozábamos de un régimen político estable y una paz social envidiable, el marco era propicio para la planeación y el desarrollo razonado.

El año de 1957 es una fecha importante para los capitalinos ya que una madrugada del mes de junio, fuimos despertados por un fuerte temblor: cientos de muertos, decenas de edificios destruidos, pánico en la población y como recuerdo irónico del sismo, se desploma el Ángel de la Independencia, monumento levantado en honor de los héroes que nos dieron la libertad. A partir de ese momento no íbamos a ser los mismos.

Y así transcurre un cuarto de siglo en el que se construye el moderno D.F., con una extensión territorial de cientos de kilómetros cuadrados; vías rápidas de comunicación: viaducto, periférico y ejes viales, obras de drenaje profundo consideradas un milagro de la ingeniería civil; el Sistema de Transporte Colectivo "Metro", con más de cien estaciones ubicadas a lo largo de la ciudad, colosales conjuntos habitacionales y zonas residenciales, centros comerciales a la altura de los mejores del mundo, el Museo Nacional de Antropología y el del Templo Mayor, únicos en el mundo por conservar nuestras raíces; el Estadio Azteca, magnífico escenario para disfrutar el deporte mundial del balompié, con capacidad para más de 100,000 espectadores, etc. Destaco lo anterior porque pretendo ser ecuánime en mis razonamientos, ya que no se debe dejar el reconocimiento al margen del análisis. Sin embargo, no obstante lo acontecido en 1957, no se tomaron las medidas necesarias para evitar cataclismos posteriores. Se reglamentó, mas no se acató, se habló y las palabras "se las llevó el viento", buenas intenciones que no se llevaron a cabo. Y sobrevienen los sismos de 1985 que destruyen el centro de la ciudad de México. La zona devastada era una zona sobresaturada de edificios pésimamente construidos, sobre suelo fangoso y con deficiente calidad en los materiales de construcción. Casi todas las construcciones con mano de obra burocrática resultaron afectadas, como escuelas, sanatorios u oficinas. Las razones son bien conocidas: se cobra del erario el doble y se "da" la mitad, se contrata personal no apto pero muy barato y los edificios son entregados con aparentes medidas de seguridad.

¿Cómo es posible que construcciones de escasos años se desmoronaron como castillos de naipes?

¿Cómo es posible que las construcciones del tiempo de la Colonia y del México antiguo se mantuvieran intactas, no obstante su localización en el área del desastre?

¿Cómo es posible que se colapsaran edificios en un mismo lote o manzana y los de los lados, frente y atrás, se mantuvieran de pie, simulando un bombardeo?

La LIBERTAD que a pulso se ganó la Nación y que paradójicamente se eclipsó desde el "vuelo" frustrado del Ángel de la Independencia, ES ARMA DE DOS FILOS: SU BUEN USO PRODUCE ÓPTIMOS RESULTADOS, SU ABUSO, DESTRUCCIÓN, MUERTE Y DOLOR ... Tarde o temprano llega el momento de pagar la cuenta y cobrar a quienes resulten responsables. Gobernantes desvinculados de la tradición y la historia de este Valle, sin amor a esta "patria chica", que engendraron por sus muy personales "intereses" una ciudad "monstruosa y enfermiza", que fue sorprendida por un terremoto que le dio un golpe casi "mortal". Fríos y calculadores profesionistas, con carente ética y decoro profesional, indignos de los conocimientos de su ciencia y de los principios que supuestamente recibieron de una Educación Superior, lo único que les importó fue su "requerimiento particular" en lugar del beneficio colectivo; lo único que les importó fue el oportunismo, la improvisación y lo económico...

"TOTAL, DE AQUÍ A QUE OCURRA OTRO TEMBLOR..."

Los declaro irresponsables y apátridas; los demando como culpables de los efectos que provocó el siniestro natural y "después del niño ahogado quieren tapar el pozo", ya que, posteriormente, se informó que gracias a los adelantos de la tecnología, es posible alertar a determinada comunidad contra los efectos de un sismo con 60 segundos de anticipación, así como minimizar sus devastadoras consecuencias. La información que existe al respecto y la experiencia de otros países para con este tipo de sucesos es muy valiosa y se requiere la unidad y solidaridad mundial para organizarnos y ayudarnos, en lugar de estar inventando armas para destruirnos. Cierto es que debido a esta terrible pesadilla, que sufrimos millones de mexicanos y que paralizó a la población por una semana completa, se recibió el auxilio de muchas naciones para ayudar a la reconstrucción y a los cientos de miles de damnificados que de la noche a la mañana perdieron todo. Pero, ¿por qué unirnos en la desgracia, conmovidos por sucesos sangrientos, en lugar de aprender a convivir fraternalmente por un bien común...?

El ciudadano de todas las latitudes reacciona de igual manera, ya que engañado o no, esquiva cobardemente, quizá, el mayor de sus RETOS: LA CONVIVENCIA CORDIAL Y NECESARIA ENTRE INDIVIDUOS COMO ENTRE NACIONES, PARA QUE SOBRE TODAS LAS ADVERSIDADES PROPICIADAS POR EL HOMBRE Y AUN POR LAS NATURALES, LOGRE LA CONQUISTA DEFINITIVA DE SU AMBIENTE.

El rey
que con sabiduría
gobernó a su pueblo

FÁBULA

*E*n la época medieval existía un pequeño pueblo localizado en el interior de un espeso bosque, que era gobernado por un anciano rey que serenamente esperaba su fin, para que su joven hijo le sucediera en la corona y gobernara inspirado en la imagen de su padre. Una mañana, el príncipe en compañía de sus cortesanos salió de cacería, deporte que era su favorito y al internarse en las inmensidades del bosque siguiendo una presa, se apartó de su séquito hasta llegar a un solitario paraje; en el momento de dispararle a una zorra, la escopeta se le atascó provocando un fuerte estallido y cientos de municiones se le incrustaron en la cara, llenándosela de sangre y provocándole un intenso dolor. Desfallecido corrió hasta llegar a la orilla de un río. Al limpiarse las heridas se dio cuenta que su rostro estaba completamente desfigurado y, en ese instante, se desmayó. Como había perdido el conocimiento, no supo cuánto tiempo permaneció inconsciente; el caso es que se despertó en la pequeña cabaña de una anciana que lo había recogido y brindado sus cuidados. Al reincorporarse recordó su accidente y con desesperación solicitó un espejo; cuál sería su sorpresa al observar un rostro lozano, nítido y sin cicatriz alguna.

—Llevas puesta una máscara que yo misma te manufacture con un material que se asemeja a la piel humana, nunca reveles el secreto a nadie y parte con los tuyos para que llegado el momento puedas reinar con seguridad y confianza, joven príncipe —fueron las palabras de la anciana.

A su regreso todo fue dicha y alegría, ya que lo daban por muerto. Así llegó al final la vida de su padre y el príncipe se hizo rey. Gobernó con bondad y sabiduría por muchos años, el tiempo transcurría irremisiblemente, así se manifestaba en el físico de quienes rodeaban al rey, pero él mantenía su rostro siempre jovial. En torno a su "eterna juventud" se crearon mitos y leyendas dado que él nunca reveló su secreto a nadie, ni a sus familiares más cercanos.

Sin embargo, su cuerpo se iba cansando conforme los años pasaban, no obstante que su cara era la de un joven, el resto correspondía a su verdadera edad. Siendo un anciano "niño", agonizaba cuando reveló su secreto a la abnegada reina que había sido su compañera por toda la vida.

—No puedo morir sin confesarte que siempre he tenido esta apariencia porque tengo una máscara que ha cubierto mi verdadero rostro, te pido me la quites al morir y sepas con quién estuviste casada —fueron las últimas palabras del rey.

Las manos de la reina se introdujeron a la altura del cuello dentro de la piel y con sorpresa sintió cómo la mágica máscara se desprendía conforme la iba jalando. Segundos después tenía ante sí la cara descubierta del rey, la cual era exactamente igual a la máscara que la había cubierto y que debido a tantos años sin quitársela, moldeó todas sus facciones evitándole el envejecimiento y manteniéndolo eternamente joven.

¿Qué hacer cuando una situación es insoportable?

"NO HAY MAL QUE DURE CIEN AÑOS NI CUERPO QUE LO RESISTA"...

Cuántos de nosotros padecemos situaciones de todo tipo totalmente insostenibles: económicas, familiares, psicológicas o sociales. Reza un dicho que "cada cabeza es un mundo", también la sabiduría popular nos alerta: "las apariencias engañan". En esta ocasión he de dirigirme al fondo mismo de tu conciencia, ahí donde el único habitante eres tú. De antemano quiero informarte, es totalmente cierto que sólo a ti te suceden ciertas cosas, situaciones adversas que estás experimentando y que son únicas, puesto que tú eres el protagonista. Quiero decirte que: "el camino que recorres se construye al andar".

¿Será que tienes una buena dosis de masoquismo?
¿Será que las raíces son tan profundas que el tronco de tus pesares está perfectamente cimentado?

¿Será que has perdido tu valor y coraje personales?

¿Cuántas parejas únicamente se soportan por el qué dirán?

¿Quién no aguanta el fastidio de un trabajo por el dinero?

¿Cuántos mantienen su mirada al suelo por inseguridad?

¿Quién no se queda callado por miedo a su integridad física?

¿Cuántos dejan de preguntar por temor al castigo divino?

¿Quién no tolera injusticias por sentirse impotente?

TU RETO

*Tú tienes una sabiduría natural para ser feliz
que nace de lo más profundo de tu ser...
descúbrela y déjate conducir por ese programa
de grandeza infinita para el cual naciste.*

Yo estoy convencido de que la vida es precisa y matemática. Es como permanecer ante un espejo y ver reflejada tu imagen en el tiempo. Es como tener enfrente un campo con tierra fértil, sembrar la semilla y esperar a que se coseche el fruto Es como inflar un globo sin detenerse o una llanta hasta reventarse.

Lo desagradable de algo o lo detestable de alguien no se da por casualidad. Todo Es CAUSAL, nada es parte de una conjura en tu contra, convéncete que ha sido algo que tú has generado, quizá sin darte cuenta, pero que en esa medida encontrarás la solución al crucigrama.

Cuando te digo que lo has GENERADO, interprétalo también como: soportado, aceptado, imitado, provocado...

No te desvíes por los EFECTOS Y CONSECUENCIAS. Algo en ti te dicta por donde ir en las encrucijadas, pero te falta valor. Piensas que si haces tal o cual cosa fuera de lo común, tendrás represalias más graves.

¡NO LE TENGAS MIEDO AL MIEDO!

Una de tus funciones básicas como ente pensante es precisamente LA DE PENSAR... y ya no piensas, ya no RAZONAS. No se requiere de estudios académicos y sofisticados para dar con las fórmulas, es TU FELICIDAD la que está en juego y por ningún motivo creas que requieres de ayuda externa para salir adelante. Te tienes a ti y con eso basta. Ya no es tiempo de lamentaciones, demasiado tiempo has perdido quejándote sin hacer nada al respecto. Desde luego que a tu alrededor hay gente bien intencionada y que te quiere ayudar sinceramente, por lo que tus oídos deben estar abiertos a esas palabras y consejos; sin embargo, solo tú sabes la problemática que te aqueja, por lo que la decisión final y definitiva te corresponde a ti, ESTÁ EN TI.

En un principio fuiste tolerante y paciente, tal vez un algo "quijotesco" invadía tu ser y la esperanza de dicha fue suficiente para intentarlo. Por lo regular no se sabe a ciencia cierta lo que se quiere. El ansia por SER y TENER nos orilla a tomar precipitadamente decisiones trascendentales. Cierto estoy que entre más relevante y seria sea la disyuntiva a elegir, más confusión y duda nace en uno. Sin embargo, el tamaño de la acción a seguir templa el carácter de los individuos. Es como la calidad del acero, cuya resistencia es mayor en la medida que se somete al fuego.

Tus males no se dieron por generación espontánea. No te engañes, en los últimos años los has padecido y seguirás así hasta no hacer algo para evitarlos. Es una secuela de infortunios que tendrán su fin en el momento que te lo propongas y te prepares para ello. Poco a poco has perdido terreno hasta hundirte en la más cruel de las desesperaciones La felicidad es algo que está a tu alcance. No es privativa de políticos, millonarios, artistas, deportistas, modelos; depende de ti conquistarla. No creas que está reservada únicamente para eventos especiales, como cuando de pequeño celebraban tu cumpleaños e invitaban a tus amiguitos y te llevaban diferentes regalos que provocaban el estallido de tus emociones y en ese día, como era tu día, te toleraban cualquier capricho. En mis primeros años pensé que así era, como una fuerte granizada, como una gran tromba que dura sólo unos minutos y después se calma. Conforme fui desarrollando mi propia manera de ver las cosas, me di cuenta que no son momentos pasajeros, ni esporádicos; no es por temporadas ni por ciclos.

> *Independientemente de tu edad,*
> *sexo, posición económica, estado civil o religión,*
> *hoy con lo que tienes puedes lograr tu completa felicidad,*
> *ya que ésta no depende de lo que sucede a tu alrededor,*
> *sino de lo que pasa dentro de ti...*

Estás en efervescencia y en erupción constantes. El panorama se te nubla porque estás confuso; EXISTEN LOS PROBLEMAS PERO TAMBIÉN LAS SOLUCIONES. Primero tienes que confiar en tus razonamientos, cálmate, contrólate, No ESTALLES, NI TE ENFADES, no son esas tus condiciones naturales. Las propias del ser humano son la paz, la armonía y el relajamiento; nos han sido dadas, pero quizá no las has descubierto en ti. Las antiguas filosofías orientales predican la meditación profunda; el conocimiento o la búsqueda de la relación perfecta. Un sinnúmero de ideologías y religiones pretenden tener la contestación a los misterios que encierra nuestro ser. Los masones, mormones, grupo sabud, gurús, guías espirituales, la Gran Fraternidad Universal, ciencias ocultas, control mental, yoga, etc... todas hablan del amor al prójimo, por lo que son perfectamente válidas. Sin embargo, siento que son muy complicadas las fórmulas que predican. Siempre he pensado que la felicidad, que al fin y al cabo es lo que buscamos, debe de ser algo sencillo, que está al alcance aun de los débiles e ignorantes.

El infierno en el que tu vida se ha convertido, es síntoma inequívoco de que han sido las circunstancias externas las que han controlado tu destino, debiendo ser tú el eje de los resultados.

En la misma porción de tu crisis individual, están en decadencia todo tipo de instituciones políticas, sociales y religiosas. La incertidumbre del mañana, la carencia total de definición personal en los líderes, predicadores o políticos convierten sus mensajes en palabras huecas sin arrastre, ya que no están respaldadas con hechos.

> *Practica lo que predicas,*
> *nunca prediques lo que no practicas.*

El bombardeo diario de información negativa que recibes es como un golpe bajo que debilita tu actitud de todos los días. La contaminación más destructiva no es la que producen las grandes industrias con sus desperdicios, sus venenosos aromas y humos; más dañina es la producida por los comentarios irresponsables que constantemente escuchamos sobre diferentes aspectos que conforman nuestro país, criticando todo lo que hacen los gobernantes, tachándoles siempre de incompetentes.

Sobre la familia, asegurando que el matrimonio es una fórmula que ya no funciona por la enorme cantidad de divorcios que hay.

Sobre la economía, lamentándose por el alza brutal de precios y de que no hay dinero que alcance.

Sobre la sociedad, alarmándose por los robos y asesinatos que suceden en las calles de la ciudad.

Sobre la salud, quejándose dolorosamente de todas las enfermedades y epidemias a las que estamos expuestos.

Sobre el mundo, profetizando el fin apocalíptico que irremediablemente tendremos con la tercera guerra mundial...

> ¡Basta ya de comentarios absurdos
> y profecías fatídicas que por doquiera
> se escuchan y que obscurecen
> la visión clara que deberías contemplar
> sobre la oportunidad única que tienes
> de disfrutar tu aventura existencial...!

Antes de ti, un misterio, después de ti, un misterio; lo único que realmente te pertenece son los 20, 40, 70 o más años que vas a vivir, lo único cierto eres tú mismo; tu tiempo, tu momento, tu espacio, tu historia, que ha de ser escrita con Tus hechos para que quede la estela de alguien que supo VIVIR A PLENITUD APROVECHANDO AL MÁXIMO EL REGALO DE PODER RESPIRAR UN DÍA MÁS.

Descubre TU PROPÓSITO EXISTENCIAL, NO ERES UN ACCIDENTE DE LA CREACIÓN, ERES POR ALGO Y PARA ALGUIEN, no te pierdas en el marasmo en que se encuentra la mayoría; ¡sal de ahí!, no seas como aquél que nació en el año de 1947, murió en 1980 y lo enterraron en 1985...

¡Cinco años MUERTO EN VIDA, sin ilusiones, ni aspiraciones, vegetando, convertido en lacra y carga social!

RETA A TU GRANDEZA. No renuncies a la posibilidad de ser. Te debes a Ti. Tienes un compromiso contigo mismo. No se trata de quedar bien con nadie, no es preciso imponerte a los demás, ni que te conozcan por lo que puedes ser; es un problema de identidad personal, un juicio silencioso de tus capacidades, las cuales evaluarán tu "yo" interno sin necesidad de porras externas.

Cuando encuentres Tu SIGNIFICADO y propósito existencial; cuando sientas más definida Tu identidad personal; cuando puedas recorrer Tu camino sin la condición imperante de ser el PORQUÉ DE TODO, sin atormentarte ni desanimarte, con la tranquilidad y armonía conquistada, la confianza de seguir Tu rumbo, no el de otros. Conociendo tus metas, deseos y aspiraciones; sobreponiéndote a las circunstancias adversas a pesar de algún defecto físico que puedas tener: contrahecho, sin brazos o con labio leporino; venciendo Tus PROPIOS LÍMITES, aun los mentales: inseguridad, impotencia, desconfianza, inferioridad, indiferencia.

Cuando a pesar de Ti mismo, desarrolles las habilidades y los talentos latentes y te ATREVAS A RECLAMARLE A LA VIDA, A TI MISMO, todo lo bello, hermoso y positivo a que tienes derecho, es cuando conquistarás:

La libertad, la salud y el amor

> *Ya tocaste fondo... ¡enhorabuena!*
> *No te queda otra opción*
> *más que la de voltear hacia arriba*
> *y alcanzar las estrellas...*

El diablo cansado que un día decidió rematar todas sus pertenencias

FÁBULA

En alguna ocasión siendo de noche, se encontraba el diablo cavilando profundamente sobre la posibilidad de retirarse de su profesión de malo. Son muchos años haciendo el mal y ya estoy fastidiado; venderé todas mis pertenencias y me retiraré. Decidió firmemente.

Por algunos días estuvo organizando su "venta de garaje" a la cual invitó a los asesinos, los contrabandistas, los usureros, los ladrones y los guerrilleros, entre otros.

El día de la inauguración fue todo un acontecimiento, ya que el infierno estaba muy concurrido por propios y extraños, en busca de ofertas atractivas. Por doquier se podían apreciar cajas de todos tamaños con diferentes títulos.

—¿Cuánto cuesta la caja del odio?
—¿Y la de los celos?
—Déme aquella negra, la del rencor.

Y así sucesivamente el diablo estaba vendiendo todo aquello que lo había hecho famoso. Insistentemente se le había preguntado por el contenido y el precio de una pequeña cajita de color rojo que traía siempre debajo del brazo, a lo que él respondía que era lo único que no estaba en remate, razón por la que carecía de etiqueta.

Pasaron los días y se confirmaba el éxito de su evento, pues prácticamente le habían arrebatado todas sus propiedades a excepción de la pequeña cajita roja que nunca se apartó de su lugar.

—Te doy el triple de lo que me pidas— fue el ofrecimiento que sobre la caja roja le hacía uno de sus mejores clientes, el jefe de la mafia del bajo mundo.

Ante la negativa rotunda de Satanás, le dijo:

—Está bien, me conformo conque me digas tan sólo qué es lo que hay dentro del paquete que guardas con tanto recelo.

—Tú has sido uno de mis mejores discípulos por lo que te confiaré mi secreto —continuó Luzbel.

—Dentro de esta cajita roja guardo la Duda que es con lo único que me voy a quedar. Estoy resuelto a retirarme, pero si llegara a arrepentirme y deseara volver a trabajar, con la poquita Duda que me llevo será suficiente para sembrar la mente de unos cuantos y volveré a construir otro infierno.

Tu reto

El origen del sufrimiento humano,
en cualquiera de sus apariencias y manifestaciones,
nace en el infinito universo mental de cada individuo,
el cual, al no estar consciente de su energía y su poder
y no aprender a usarlos con sabiduría,
destruye toda posibilidad de goce,
a todo lo que le rodea...
y a su misma especie.

¿Por qué el miedo a la muerte?

*P*ienso que lo peor que te puede suceder es el desconocimiento total de conceptos fundamentales como la muerte o el nacimiento, mismos que se deberían manejar con libertad y confianza por su trascendencia en la conducta de la gente y así tener una idea lógica y razonada de ellos.

En alguna revista leí una de tantas entrevistas que con frecuencia publican en relación con las intimidades de Julio Iglesias, en la que confesaba el miedo angustiante que le provocaba el simple hecho de pensar en morir, razón suficientemente poderosa para perder el sueño de algunas noches. No puedo corroborar la veracidad de esta información, lo señalo porque de lo que sí estoy seguro es que ocasionalmente se escucha este tipo de comentarios, algunos manifestados irresponsablemente por "personalidades" que de alguna u otra manera influyen en la mayoría de las personas, reforzando la ignorancia y la "enanez" mental que padecen.

> Es preciso romper con ideas de tabúes ancestrales que nos mantienen en el mismo ser primitivo de principios de la creación: supersticioso y fetichista...

Debemos prepararnos mentalmente para convertirnos en hombres y mujeres del año 2000. No podemos llegar a este destino arrastrando ideas que rigieron la vida de nuestros antepasados. Si queremos Cambiar tendremos que empezar por nosotros mismos y detener de una vez por todas La nefasta herencia ideológica generacional que tiene tapado el cerebro.

Lo que a continuación vas a leer lo puedes juzgar frívolo e irreverente, ya que se trata de la pérdida de tus seres queridos. No obstante, me siento comprometido de darte a conocer lo más íntimo de mis pensamientos y tal vez lo más revelador de

Reta a tu grandeza

No se me puede olvidar lo que con profunda convicción escuché de labios de un buen amigo y sólo lo asimilé tiempo después.

—"Yo me moriré tres días después de que lo decida" —fueron las palabras pronunciadas—. "Qué maravilloso morir cuando uno quiera..." —pensé en mis adentros.

Hoy, ya no lo pienso, estoy totalmente convencido que tenemos un "control" único sobre nuestras vidas y también sobre el momento de morir. Cada individuo que fallece, desde el recién nacido hasta el anciano, muere ya sea por su Falta de arraigo a la vida o bien por haber logrado plenamente Su propósito existencial... la diferencia estriba en la forma en que "pierden" su vida...

Se puede decir "perder" como también "culminar"... cuestión de ESTILOS DE VIDA.

¿Por qué hay quienes mueren con la mayor de las "comodidades", simplemente de un infarto, en su "camita" y sin el menor sufrimiento...?

¿Por qué hay quienes mueren después de una intensa, larga y dolorosa agonía, consumiéndose poco a poco y de paso consumiendo a quienes lo rodean...?

¿Por qué hay quienes mueren de una extraña enfermedad, "de la noche a la mañana", quién sabe por qué, cuando nadie se lo esperaba...?

¿Por qué hay quienes mueren en terribles y sangrientos accidentes...?

Después de darle muchas vueltas al asunto, de escuchar con detenimiento el relato de parientes, amigos y conocidos de innumerables difuntos, nunca motivado por el morbo, sino por el auténtico interés de sacar mis propias deducciones, concluí que:

"El momento y el tipo de muerte en los seres humanos va de acuerdo al grado de intensidad y a la calidad de vida que se experimentó..."

Yo, como quizá algunos de ustedes, desconocía lo que representaba perder a un ser realmente querido y cercano. Felizmente mi "activo" de relaciones y parientes y en general de gente querida, se había mantenido completo. La pérdida de algún conocido o familiar cercano llegaba a sensibilizarme, pero lograba superar inmediatamente el trance, si es que éste se presentaba.

Es por eso que tardé semanas y meses en asimilar la pérdida física de un "viejo-joven": mi Padre. Un gran amigo, hombre trabajador y muy humano. Es curioso, todos los que se van son buenas personas, no conozco a nadie que después de lo inevitable no se le califique sino de ejemplo y guía...

No dudo que existan casos en donde auténticamente se trate de lindos seres humanos, el caso de mi Padre, y no por serlo, encaja en éstos; sin embargo, ¿por qué los disfrutamos de muertos y no de vivos?

¿Por qué somos tan hipócritas que hasta renegamos...?

No será que la idea de descansen en paz, esconde lástima y compasión...?

> ¡Tenemos miedo a lo desconocido!
> No sabemos vivir,
> Mucho menos morir..

El programa mental al respecto es totalmente negativo. Nos contaminan todo el cúmulo de ideas deformadas:

¿qué si es el fin?
¿qué si es la hora del juicio?
¿qué hacia a dónde te vas?

Por qué no en lugar de reclamar:

¡por qué te fuiste...?, o

¿por qué me lo quitaste?

AGRADECEMOS A LA VIDA LA GRAN OPORTUNIDAD AL CONOCERLE Y APRENDER DE ÉL Y DE HABERLE GOZADO EN VIDA... en lugar de desgarrarnos las vestiduras. Pienso que lo grave del fallecimiento de un ser querido se agudiza porque aparentemente intuimos que determinada persona desperdició su gran oportunidad de vivir intensamente. Si no crees eso, aprenderás de su ejemplo y seguramente lo integrarás a tu proceso vivencial para definir una filosofía personal de tu vida, en donde:

el RETO y el regocijo...

el entusiasmo y la alegría...

el disfrute y la plenitud...

sean las características principales de tu jornada. Brillar con luz propia y así iluminar el camino de quienes a tientas y ciegas te siguen y no complicarles más con tu comportamiento su crucigrama.

¡Qué bella oportunidad! VIVIR PARA QUE LOS DEMÁS DESCUBRAN CÓMO VIVIR, hermoso encontrarle un camino más amable a tu aventura...

Permanecer en la mente de quienes nos quieren, sin egoísmos, respetando el principio de que la vida es individual, que somos más que un "simple" cuerpo, el cual nos condicionan a tratarlo como lo más importante, como CAUSA, y lo cuidamos, lo protegemos y nos ocupamos por su presencia y apariencia, sin percatarnos que estamos violando con este tipo de actitudes uno de los secretos fundamentales para diseñar una filosofía de la Vida, la Causa verdadera es mental, el control de tu existencia se encuentra en ¡Tu Poder Mental!

Al permanecer frente al cuerpo inerte de mi padre, violé este principio y me estremecí; después Razoné que estaba ante el Efecto ya que su causa, su Fuerza mental, no había desaparecido sino que por el contrario, su pensamiento a partir de ese momento permanecía en mí y me pertenecía, iba a estar conmigo las veces que yo quisiera. Desde luego que tenía que acostumbrarme, extrañaría por algún tiempo su presencia física, pero su cuerpo no importaba, pues era el cascarón, la forma y el empaque; lo esencial permanece en el tiempo y en el espacio.

Sé que mi Padre disfrutó plenamente sus 63 años. Logró en vida todo lo que se propuso y nos dejó un recuerdo bellísimo de amor y sencillez que nos guía a sus hijos por el camino donde debemos pisar firmemente. Fue tal su sabiduría que en su lápida cariñosamente se le mandó grabar "El maduro", por su amplio criterio, su genialidad en el trato con la gente, sus palabras siempre reconfortantes y otras cualidades que pueden confirmar quienes lo trataron.

Por lo anterior, me atrevo a afirmar que mi Padre se fue cuando había logrado y por mucho, su propósito existencial. Él ya había concluido su labor terrenal, estaba más que listo para la siguiente etapa y por eso murió su cuerpo, ... ¿cómo?... ya no importa, él lo generó, pero su pensamiento es eterno y vive en mí.

Saber vivir para llegar a morir,
morir sin morir,
seguir viviendo en el recuerdo
y para la trascendencia...
permaneciendo siempre en el espacio
y en el pensamiento de los nuestros...

"Lo inevitable ocurre a su tiempo,
¿Por qué preocuparnos?
¿Por qué desesperarnos?

Lo inevitable vino y se fue,
¿Por qué entristecernos?
Aquello que no existía, llegó;
lo que llegó, deberá irse.
Permanece firme y en calma,
en medio de todo lo que va y viene,
Todo está bien, no hay nada que temer,
la Vida es Eterna..."

JUAN CARLOS ZAVALA PARA MANUEL ZAVALA AGUIRRE
(10-IX-20: 2-VIII-83)

El joven imberbe
que recorrió el mundo
en busca de la fórmula
de la felicidad...

FÁBULA

Éste era un joven que deseaba tener éxito sin trabajar y ser feliz, sin esforzarse.

—Debe de haber, en alguna parte, alguien que posea la fórmula de la felicidad y del éxito y he de encontrarla —solía afirmar repetidamente.

Con esta idea fija en la mente, se dio a la tarea de localizarla. A cada persona con quien se topaba, le preguntaba si era la poseedora de la fórmula mágica. Cientos de puertas tocó, infinidad de lugares visitó y la respuesta se le negaba a su paso. Cierto día, en una taberna, la gitana del lugar alentó sus esperanzas.

—Has de ir en busca de un anciano con profunda mirada, de larga cabellera y barba blanca y que permanece serenamente en medio de un río en espera de aventureros como tú, que desean saber el gran secreto —fueron las instrucciones de la mujer.

Durante años enteros, el muchacho recorrió el mundo con riesgos y peligros, a lo largo de muchos países, enormes distancias; por mar y tierra; por selvas y desiertos; por cordilleras y montes, hasta que una asoleada mañana, siguiendo la orilla de un caudaloso río, dio con el extraño personaje.

—¿Acaso eres tú el dueño de la fórmula de la felicidad y del éxito? —le gritó desde la distancia el joven.

—Yo soy a quien andas buscando—, fue la contestación del barbado viejo, quien estaba en medio del río con el agua a la cintura.

—Pues bien, estoy aquí, ¡revélamela!

—Ven a mí si realmente deseas conocerla.

No había terminado de escuchar el RETO, cuando en segundos, el mozalbete se descalzó y se subió los pantalones hasta la rodilla y se dirigió al centro del río. Paso a paso se iba sumergiendo hasta que llegó ante el anciano, con el agua cubriéndole los hombros.

—Vaya que tienes gran tamaño —y con nerviosismo dirigió sus ojos hacia la mirada profunda del sabio.

De pronto, el viejo puso sus grandes manos entrelazadas sobre la cabeza del visitante y con un fuerte impulso lo hundió, deteniéndolo por algunos minutos debajo del agua. Casi desfallecido, de un jalón lo sacó a la superficie y con enérgica voz le preguntó:

—¿De verdad quieres saber qué tienes que hacer para lograr tu felicidad?

—Sí... señor... —balbuceó el joven.

En repetidas ocasiones lo sumergió hasta que sintió que perdía el conocimiento. Al instante lo tomó entre sus brazos, se dirigió a la orilla y depositando el inerte cuerpo en la playa esperó pacientemente a que despertara. Después de unos momentos, el aventurero se recuperó de la tremenda experiencia y su reacción no se hizo esperar.

—¿Cómo puede ser, viejo maldito, que después de tanto tiempo de buscarte en lugar de tu sabiduría, me recibas con instintos asesinos? —le reclamó con firmeza.

—¿Qué es lo que más deseabas estando dentro del agua? —le contestó.

—¿Acaso placeres?

—¡Desde luego que no!

¿Poder y riqueza?...

—¡Mil veces no!

¿Viajes y fiestas?... ¡claro que no!, lo único que deseaba con desesperación era respirar —le confesó el joven.

—El día que anheles tu felicidad y tu éxito, con la misma fuerza y vehemencia, como lo hiciste con el aire que te faltaba para respirar, ese día lo vas a lograr... sentenció con sabiduría el anciano.

TU RETO

Cada vez que pienses que el sindicato, la empresa, la institución religiosa o algo fuera de ti, es donde puedes encontrar tu solución, más poder les estás otorgando y a la vez más dependerás de ellos y en la misma proporción pierdes tu poder personal, la auténtica posibilidad de salir de tu frustración...

¿Qué es lo verdaderamente importante en tu vida?

En algún momento de mi pasado experimenté la angustia y la culpa, desesperado acudí a los símbolos que regían espiritualmente mis actos. ¡Qué mal me llegué a sentir!

Recuerdo que como un niño con temor al castigo implacable lloré e imploré ayuda a quienes tenía cerca de mí, andaba buscando consuelo en donde jamás lo iba a encontrar. Era una de esas crisis existenciales que padecemos los seres humanos y que no deseas que le sucedan ni a tu peor enemigo. En mi caso fue pasajera, producto de mi inmadurez y de no saber lo que quería. Sin embargo, conozco gente cuya crisis es tan profunda que sólo les quedan dos caminos: el suicidio o el descubrimiento de la luz. Son radicales las alternativas, pero como consecuencia de profundas cavilaciones suele suceder que no hay lugar para las medias tintas.

Quizá tú, amigo lector, estás pasando por una de esas crisis; probablemente fue la que te orilló a leer este libro. Pienso que te recomendaron desinteresadamente esta lectura y puede ser que te hayas devorado cada una de las ideas y pensamientos que contiene.

Te sientes pequeño, sin fuerzas para continuar, sin esa chispa que encienda las turbinas de tu poder. Has buscado la solución, en el dinero, en la belleza física, en los títulos y condecoraciones, en los conocimientos, en una posición social, en el reconocimiento de los demás, tal vez tu caso no tiene nada de lo mencionado y te sientes del tamaño de una hormiga, insignificante, sin esperanza y sin ninguna posibilidad aparente de SER y te pierdes en el alcohol y en el vicio, o en la abnegación y en la resignación.

Tal vez has buscado salir de tu desorientación afiliándote a algún partido político. Te han dicho que puede ser por ahí, sabes que la ruta es difícil y que muy pocos llegan.

Deslumbrado estás dispuesto a recorrerla aunque las posibilidades de éxito sean nulas o quizá te has "ido de cabeza", sin medir las consecuencias de tu empleo o negocio; o te solidarizas con tu sindicato porque ahí está el poder. Salir de la mediocridad es el objetivo y atropellas en tu afán de ambición desmedida lo verdaderamente importante:

TU INTIMIDAD Y EL AMOR.

TU INTIMIDAD...

Enfatizo más en este punto porque lo considero el punto de partida. Las cinco preguntas capítulos que preceden a éste, recalcan una y otra vez la importancia de que *te conozcas*. Es una tarea de todos los días, semanas y años. Se dice que uno no llega a conocerse totalmente.

Son tantos los individuos con autoimagen débil y enferma, que representan el porcentaje más alto de la comunidad. Es intrascendente lo que los demás piensen de ti, hasta que no tengas un concepto más o menos definido de ti mismo. No me refiero a la imagen que proyectas a quienes te rodean, pues es probable que sea falsa; es sencillo engañarlos. Para tu consuelo la gran mayoría hace alarde de lo que No tiene y de lo que No es. Se dejan ir por las apariencias y por esta razón, las sociedades se han convertido en pistas de carreras en donde cada quien compite absurdamente contra su prójimo. Ojalá no seas de los que necesitan salir en la página de sociales del diario con mayor circulación para que todo mundo te vea en primera plana y así puedas reforzar tu autoimagen; ojalá sea en tu filosofía personal donde encuentres la seguridad y la confianza y No en lo abultado de tu chequera; ojalá que tu máxima motivación radique en SER MEJOR DÍA A DÍA como ser humano y No te empequeñezcas por pretender lograr tus éxitos a costa de los demás con actitudes ruines.

Estoy convencido que no se puede hablar de realización plena si se carece del esfuerzo de conocer y descubrir el potencial interno con el que contamos. He observado siempre la conducta que caracteriza las diversas personalidades de la gente. Me llama la atención la infinidad de casos de aquellos que no pueden prescindir de compañía alguna. Personas que acuden a fiestas, reuniones, eventos y aun a citas de carácter personal y buscan algún pretexto para acompañarse de algún amigo o conocido y así enfrentar valerosamente el compromiso. Observo en las calles de la gran ciudad, todos los que tienen por pareja a su radio transistor, tal vez no sea por su afición a la música, sino porque no toleran sentirse solos ni un instante.

Para que regales algo material a un ser querido, primero hay que tener el deseo, las ganas y los medios. Para poder darte a los demás y controlar tus circunstancias:

> *Eres un universo infinito*
> *contenido y limitado por un cuerpo.*
> *Tus posibilidades y alcances son impredecibles.*

> *Primero tienes que tenerte a ti mismo*
> *y ser el dueño absoluto de tu persona*

Un recién nacido depende totalmente de su madre para sobrevivir. Por meses completos su comportamiento consiste en dormir, comer y llorar..., llorar, comer y dormir. Lo cambian, lo bañan, lo besan, lo arrullan, lo cargan, le platican, lo acuestan, lo alimenta, etc. Gradualmente aprende del ambiente a descubrirse los deditos y piececitos, a fijar la vista y a gritar; torpemente toca, siente y al cabo de muchos intentos logra sujetar una sonaja entre sus manecitas. Posteriormente, logra sostenerse por su propio pie y al año camina, a los dos empieza a hablar y la información que va acumulando es asombrosa; su mente parece una esponjita absorbiendo TODO, sin cuestionar NADA. No es sino hasta la edad de siete años que adquiere su propia forma de pensar, reflejando en sus actos, la calidad de vida que se le ha dado hasta ese momento:

de total dependencia en la formación de sus cimientos,
de total sometimiento en la utilización de su criterio,
de toda protección al desarrollo de sus habilidades.

EL AMOR:

Una de las emociones más plenas y estimulantes para nuestras vidas es el AMOR, LA FUERZA DE FUERZAS: el antídoto que cura y te salva de cualquier situación por difícil que esta sea.

EL AMOR NACE EN TI: AMAS SI PRIMERO TE AMAS.

Me estoy refiriendo al AMOR UNIVERSAL; el que probablemente le profesas a:
las plantas y animales,
a tu tiempo y a tu espacio,
a tu trabajo y actividades diversas,
a tus amigos, vecinos y semejantes,
a tus habilidades, talentos y distracciones,

a los momentos de placer y descanso,
a tu familia, padres e hijos,
a tu pareja,
al anhelo mismo de la vida...

Yo creo que existe un solo tipo de AMOR, pero que depende del receptor para manifestarse en diversas expresiones. El verdadero AMOR nace en el fondo de ti y crece conforme más te conoces y descubres. Es el que surge como resultado del enfrentamiento que te hace vibrar y reconocer:
Tu soberbia,
Tu prepotencia,
Tu vanidad,

Naces solo, para ser uno más, solitario;
sino para disfrutar tu soledad y en tus momentos íntimos
corregir tu dirección hacia la autosuficiencia...

Tus complejos,
Tus miedos,
Tus traumas.

Por amar quiero decir erradicar todo lo negativo
que has aprendido del medio ambiente.

Una persona negativa y pesimista, definitivamente no sabe amar, ya que confunde el amor con egoísmo, posesión y mediocridad.

El amor debe darte la fuerza de voluntad suficiente para disciplinarte y controlar tus sentimientos negativos; un AMOR que vaya de acuerdo a la sabiduría de tu vida.

UnAMOR que te eleva por encima de los instintos animales, que domina al grueso de la gente; cierto que el AMOR a la pareja es el que más identifica este sentimiento por su manifestación única. Sin embargo, frecuentemente se queda en la expresión sexual y carnal y se confunde lo sublime con lo sensorial. Cultiva:

El AMOR a tu pareja y te dará equilibrio emocional porque es tu complemento.

El AMOR a tus hijos, ya que en ellos te prolongas,

El AMOR a tus semejantes, por tener tu misma esencia.

El AMOR a tu trabajo, ya que te permite ser creativo.

El AMOR a las cosas, porque te sirves de ellas.

El AMOR a todo indicio de vida, el AMOR hacia el AMOR mismo, único camino para encontrar la paz interna y la inmensa armonía que te dará la sensación constante de FELICIDAD.

Una de tantas lecciones de AMOR que he recibido vino precisamente de quien pudiera ser la representación más elocuente de este bello sentimiento, mi madre. En una ocasión me invitaron a exponer una conferencia de motivación a un grupo de vendedoras, todas mujeres; sabiendo como es, no dudé en invitarla a participar, pues de ella siempre he recibido estímulos. Esa mañana el ambiente estaba propicio por la gran sensibilidad que tienen las damas, el entusiasmo era desbordante y el deseo de aprender se reflejaba en los rostros de las participantes. Le llegó su turno a mi invitada especial y después de la acostumbrada presentación me senté expectante a escucharla. Créeme amigo lector que no me ciega mi condición de hijo, fui testigo de una de las pláticas más sinceras y emotivas y de uno de los mensajes más dulces que yo haya escuchado.

Por fin alguien me puntualizaba la definición de AMOR y más que eso, por vez primera comprendí el significado de la palabra AMOR. En un acto de confianza absoluta y dueña del escenario se confesó como un ser que había recibido el AMOR de su pareja, de sus hijos, de sus nietos y de sus amistades y que por eso se consideraba muy afortunada, pero mencionó que no era suficiente recibir sino dar, que les aconsejaba que cultivaran el AMOR el cual las iba a mantener "jóvenes y bellas" y que recíprocamente les concedería la felicidad en toda su plenitud...

¡EL AMOR A LA VIDA!

Los niños que armando un rompecabezas unieron al mundo

FÁBULA

*H*abía una vez un padre de familia, hombre adulto que cansado y aburrido de su rutina diaria: de la casa al trabajo y del trabajo a la casa, sin aspiraciones y metas por realizar, llegaba todas las tardes a su casa sin el ánimo de convivir con su esposa y sus dos hijos, de 10 y 8 años respectivamente. Uno de tantos días al llegar a su domicilio, fue recibido por sus hijos, quienes entusiastamente lo invitaban a jugar pelota, lo único que le interesaba al hombre era disfrutar su mejor programa con una cerveza en la mano y sin que nadie lo molestara.

—Estoy muy cansado muchachos, tuve un día muy pesado —fue la respuesta inmediata.

—Pero papá, si nunca juegas con nosotros —insistieron los pequeños.

Ante la presión que sobre él ejercían, tuvo que inventar una buena excusa para salir de su compromiso:

—Miren hijos, en las páginas centrales del periódico de hoy, aparece impreso un mapa del mundo en toda su dimensión, ¿qué les parece si se los entrego en pedacitos, a manera de un rompecabezas, y cuando terminen de armarlo, jugamos a lo que ustedes deseen...? —El señor sabía el grado de dificultad de la tarea, que probablemente los iba a mantener entretenidos hasta la hora de acostarse y de esa manera, hábilmente evitaría el fastidio de perder su tiempo con jueguitos infantiles, en lugar de descansar cómodamente ante el televisor.

Como niños que eran sus hijos, alegremente aceptaron el RETO, por lo que una vez que tuvieron en sus manos los cientos de partes que conformaban al mundo, se dirigieron a su habitación a cumplir con la hazaña. El señor libre de ellos, por fin, se dispuso a llevar a cabo su codiciado plan y se dirigió a la televisión. No había terminado de reclinarse en su sillón favorito, cuando corriendo llegaron sus hijos con la tarea perfectamente cumplida.

—¡No puede ser! —exclamó el padre—. A mí me hubiera tomado una hora como mínimo armar el rompecabezas y ustedes que han recibido escasamente sus primeras clases de geografía en la escuela, lo han hecho en unos minutos —concluyó—.

El mayor le dijo: —fue muy fácil, porque no te diste cuenta que en el reverso de las páginas centrales, donde venía el mapa, imprimieron la fotografía de una familia, y lo único que tuvimos que hacer fue UNIR A LA FAMILIA Y POR CONSECUENCIA UNIMOS AL MUNDO...

Tu reto

Haz de cortar los hilos que manipulan
y dan movimiento a la marioneta
en la que te han convertido, para que
de muñeco de trapo te transformes
en un ser individual dispuesto a retar
a su grandeza!

¿Qué es lo que se requiere de ti para el ansiado cambio?

¿Estás conforme con lo que te rodea? ¿Consideras que los resultados actuales que tienes son los que realmente mereces y en consecuencia los que deseas para tu familia?

Te voy a contar una anécdota que además de chistosa esconde un mensaje muy ilustrativo. En alguna ocasión que asistí al cine en compañía de mi esposa, al estar esperando a que la función se proyectara, llegó una pareja presurosa a tomar sus asientos en la sala semivacía, y a media luz. La dama, de un pequeño tirón, jaló a su pareja para que se sentaran inmediatamente a la orilla de uno de los pasillos. Aún no se acomodaban en las butacas, cuando se levantaron y se ubicaron en la sección central y así cambiaron de posición más de cinco veces. Obviamente la película ya había empezado. Por fin, después de diez minutos se quedaron quietos en los lugares más incómodos con respecto a la pantalla, pues difícilmente podían apreciarla en toda su dimensión. "No, aquí, no, mejor vente para acá, ¿sabes?, yo no veo, me tapa el de enfrente. ¡Qué indecisión!, ¿verdad? De aquí para allá, para adelante y para atrás... y así perdieron el inicio de la trama de una buena película, el disfrute de un par de horas y de paso nos fastidiaron nuestra velada por estar de "metiches".

Puedes pensar que me estoy yendo a los extremos, pero estoy convencido que hombres y mujeres manejan al garete el destino de su existencia, sometidos al capricho de los demás pretendiendo complacerles en todo momento. ¡Son "ellos" los que deciden por ti!

Tú, mujer, cuando vas a la tienda y quieres comprarte un vestido, primero piensas si el azul le va a gustar a tu pareja o a tus padres y antes de adquirirlo vas y le preguntas a 20 personas si el azul te "va" y cuál es el color que mejor te queda; tomas su parecer antes de tu decisión: ¿Qué forma? ¿Cuál es la moda? ¿Qué tan escotado?, etcétera... Tú, hombre, que hablas y hablas, sin ton ni son, diciendo cosas que ni tú te las crees. En pláticas de café, con los amigos, te dedicas a componer el mundo a tu alrededor, desperdiciando preciados momentos, pues son inútiles tus intentos para participar activamente en el cambio.

Se requiere de mucho más que la "intención" y el bla, bla, bla. Lo mismo sucede con tu progreso y superación personal.

Todos desean tener mejores ingresos económicos.

Colocarse en posiciones superiores en su trabajo

Poseer todo tipo de satisfacciones materiales

Gozar del reconocimiento de los demás

Viajar por todo el mundo

Ahorros e inversiones

Disfrutar de una buena salud
al margen de enfermedades
Contar con el amor de sus seres queridos
Tranquilidad y paz interna
Confianza y seguridad en uno mismo.

La lista puede ser interminable y te has de preguntar:

PERO ¿CÓMO HACERLE...?

Hace algún tiempo aprendí la siguiente frase que ahora comparto contigo:

> *Que tus hechos hablen tan alto*
> *que tus palabras no se escuchen*

¡Basta ya de fanfarronerías!, menos palabras y más hechos. Todo se inicia con una firme determinación, con *Tu decisión*. Todo se puede lograr si tan sólo lo intentas. No me importa qué tan grande sea lo que te propongas. Entierra para siempre las palabras: IMPOSIBLE, A VER SI, y NO PUEDO.

El cambio no se hace de la noche a la mañana. Es un proceso que se "da" de manera graduada. Son muchos años de errores y de ignorancia en cuanto a Ti mismo y es un esfuerzo inevitable que has de ejercer para tu desarrollo. A un lado excusas y pretextos:

...no soy rico

...no tengo estudios

...estoy muy viejo... o muy joven,
...fallecieron mis padres,
...soy feo(a), chaparro(a)
...estoy gordo(a) o cabezón(a),
...soy una mujer alta y flaca
...no conozco a nadie en la política,
...tengo un defecto físico,
...no tengo suerte,
...nadie se fija en mí,
...no me toman en cuenta...

Hoy en día la gente padece de "excusivitis" y lo grave de la "enfermedad" es que es peligrosamente contagiosa. Estás programado para el fracaso más que para el éxito; en lugar de que pienses CÓMO SI FUNCIONAN LAS COSAS y encontrar una razón poderosa que justifique tu condición de ser pensante y creativo, lo único que has encontrado son razones de CÓMO NO FUNCIONAN LAS COSAS. Pospones constantemente tu felicidad a futuros eventos, desperdiciando el hoy por no saber aquilatarlo.

Cuando de niño te regalaron por primera vez un patín del diablo y aún no lo dominabas en su totalidad, pediste una bicicleta, la cual "botaste" después de la euforia de poseerla porque llegó a ser insuficiente. Al ir creciendo añoraste una motocicleta como la de tu vecino y la tuviste, a pesar de que los tuyos la consideraban peligrosa y te sembraron la duda. La rechazaste y ya no te conformaste más que con un automóvil, pero al tenerlo, como era usado, te causaba muchos problemas, te dejaba en cada esquina, te lamentabas y tuviste que aprender mecánica; "no había de otra". Después de estudiante lo quisiste compartir con tus amigos y éstos te llegaron a molestar por "conchudos" ya que no cooperaban para la gasolina. Así, terminaste tus estudios, y adquiriste por fin, un flamante último modelo, ¡el sueño añorado se hacía realidad, la felicidad completa! Pero te llegó a aburrir. Como el asiento de la derecha estaba vacío, decidiste que fuese ocupado por una dama, la hiciste tu novia y te casaste para ser feliz, ahora sí, inmensamente feliz, pero... no fue tan fácil como tú lo supusiste y un día te diste cuenta que entre ella y tú había un espacio en el asiento delantero de tu automóvil y decidieron llenarlo con un hijo, el primogénito, el complemento de tu felicidad ...y vino el segundo y el tercero y con ellos las "verdaderas" responsabilidades. tu carga era más pesada y pensaste: "cuando crezcan, se reciban y se valgan por sí mismos seré muy dichoso y alcanzaré plenamente mi felicidad" ...y así, fue les diste todo, incluso les compraste sus autos, te sentías viejo y cansado pero "algo" faltaba y en tu decadencia te imaginabas que lo obtendrías con tus nietos, porque te habían dicho que esa sí era la felicidad y al fin llegaron... Pero por tu edad y por haber llevado una vida de "lucha y esfuerzo" no contabas con la suficiente paciencia para ellos, sentías que aún seguías con un vacío y concluiste resignadamente, ya siendo un anciano; cuando me muera, cuando me vaya al cielo, ahí sí seguramente alcanzaré mi felicidad...

¿Por qué Postergar y condicionar a futuro tu felicidad de hoy? Ésta no depende de lo que pase mañana, el
"secreto" consiste en disfrutar lo que tienes Hoy no lo
que probablemente tendrás mañana. Requieres de una
firme determinación para acabar de una vez por todas
con todo "aquello" que obstaculiza tu "crecimiento"
en todos los sentidos; amigo mío, no hay lugar para
"medias tintas":

Una mujer está embarazada o no lo está, no está
media embarazada. Lo mismo ocurre contigo, decide ser
feliz Ahora en este mismo instante, no mañana; no
tienes que esperar a nadie, ni tiene que suceder un milagro. No esperes a que venga el Papa a darte su bendi-
ción para que así cambies y como en los cuentos de
hadas, seas dichoso por el resto de tu vida. Tampoco
esperes encontrar la lámpara de Aladino para que el
genio te cumpla todos tus deseos.

El cambio se iniciará el día que Tú decidas cambiar.
No esperes que tu vecino cambie para hacerlo tú; si él
no te saluda, regálale todas las mañanas la mejor de tus
sonrisas; si todo el mundo habla de la vida íntima de los
demás, tú respétala profundamente; si la gente desper-
dicia en bares y cantinas su tiempo y derrocha un dinero que falta le hace para otras cosas, tú optimiza el mayor
de tus recursos, *el tiempo*, con prudencia y sabiduría.

Históricamente, cuando las sociedades están en
crisis surge la necesidad de rescatar el individualismo,
ese mundo particular de la reflexión y el análisis. Aprende a vivir contigo, con tu soledad. Disfruta los momen-

tos de intimidad que te permiten encontrar dentro de ti las respuestas. Para dar tienes que ser, necesitas SER Tú en toda tu dimensión y GRANDEZA.

Pero el cambio no se da de la noche a la mañana ni se dará de lo particular a lo general. Se dará en la medida en que tú como individuo, tomes una decisión personal y seas consciente de tu responsabilidad.

Lleva a cabo una revolución mental del pensamiento que nazca *dentro de ti*. Déjate guiar por la sabiduría natural de la cual estás dotado. Este concepto hará renacer en ti el deseo del cambio. Tradicionalmente nos condicionan a la idea de que para poder conquistar el triunfo, es preciso cubrir una serie de requisitos por demás difíciles de lograr, razón poderosa para que pienses que tienes vedada la posibilidad de tener éxito. Sientes que remas contra circunstancias adversas y en el camino "tiras la toalla", claudicas y no sigues adelante. Permite que TU SABIDURÍA NATURAL. "salpique" tu existencia, como la brisa de mar que relaja y reconforta.

No te engañes, eres grande de nacimiento. Por el solo hecho de ser *humano* estás conformado con un programa mental maravilloso y extraordinario.

> *La naturaleza guarda proporciones perfectas y tú al ser parte de ella mantienes latente tu perfección*

Observa la flora y la fauna, la inmensidad del océano, del cielo, del universo infinito; el día y la noche, las estaciones del año, la transformación de materia, el comportamiento de todo ser vivo, el funcionamiento de tu organismo, el "secreto" mismo de la vida.

Todo te habla de esa perfección.

La evolución incuestionable de nuestra especie con su asombrosa capacidad de adaptación, forzosamente me lleva a concluir que somos parte de un ORDEN y un PLAN UNIVERSAL en el cual tú y yo somos parte activa... si así lo decidimos.

Pongamos como ejemplo del PLAN MAESTRO, la fotosíntesis en las plantas, cuyo resultado es la producción del oxígeno que todo ser vivo necesita para respirar. La mezcla de anhídrido carbónico, agua y rayos solares da como resultado, por un lado, la glucosa hidratos de carbono sencillos, en seguida almidones y grasas, para finalmente sintetizar las más complejas proteínas; al mismo tiempo el proceso devuelve el oxígeno al aire.

Con esta descripción elemental de uno de los "milagros" de la naturaleza, pretendo concientizarte de que así como las plantas y los animales tienen una función definida y mantienen el equilibrio ecológico, en esa magnitud tú posees, desde que naces, información que no encontrarás en ningún libro o tratado, ni en ninguna universidad, por sofisticada que ésta sea.

Es "algo dentro de ti, que se siente inexplicablemente, es un código de fábrica, una combinación para abrir tu caja fuerte.... tres vueltas a la izquierda, cinco a la derecha, detente en el cero, jala la palanca y ¡abre el cofre del tesoro!... la combinación está en ti y los "números" para abrirla los has estado buscando afuera, en

tu exterior, sin darte cuenta que son de tu propiedad...
y he ahí el gran misterio...

Recuerdo las enseñanzas de un maestro de preparatoria que nos daba la cátedra de ética. Por primera
vez se revelaron ante mí nuevos rumbos que me daban
mejores perspectivas. la posibilidad de ser mejor, el
ordenamiento de mi escala de valores y la gran responsabilidad que tiene el género humano en relación con
el libre albedrío, del cual disfrutamos. La capacidad de
ELEGIR entre:

lo bueno y lo malo,
la risa y el llanto,
la alegría y la tristeza,
lo positivo y lo negativo,
el optimismo y el pesimismo,
el amor y el odio,
la superación y la mediocridad,
el éxito y el fracaso.

Opciones que están a la orden del día. TODO DEPEN-
DE DE TI. Las plantas no pueden quejarse si hace mucho
calor, tampoco van a ponerse en "huelga" para no pro-
ducir oxígeno, la planta ES, sin más cuestionamientos,
simplemente ES...

Tomás Alva Edison, inventor del foco eléctrico,
en incontables entrevistas y ante el acoso de miles de
periodistas que preguntaban cómo funcionaba y el porqué de la luz incandescente, el sabio simplemente les
contestó: "LA LUZ ES... ¡ÚSENLA!" Utilizando este comen-
tario de Edison, podremos concluir: "LA VIDA ES... ¡VÍVELA!"

No es lamentándote por todo lo que no tienes
como vas a ser feliz, sino disfrutando lo poco que es
tuyo. Pasar del poco al todo es tan relativo, que puedes
estar en paz contigo mismo, ya que tarde o temprano
lo que va a ser tuyo, será, sin necesidad de provocar
dramáticamente el cambio. Éste se dará de una manera
gradual, cuando estés preparado, cuando en el fondo
de ti creas que determinadas cosas te pueden suceder.
Comparto contigo lo que me ha pasado en repetidas
ocasiones: resulta que de pronto estoy en posesión de
algo o disfrutando algún momento determinado y me
he dicho a mí mismo "esto es algo que anhelé hace
cinco años, ¿cómo es que ahora se me concede?" He de
reconocer que esa determinada circunstancia que tanto
había deseado, no sucedió simple y sencillamente porque no estaba preparado en ese momento; ya sea porque no creía lo suficiente, o quizá era algo que únicamente estaba imitando de alguien o no me había esfor-
zado lo suficiente. El caso es que estoy convencido de
que los seres humanos COSECHAMOS ÚNICAMENTE LO QUE
SEMBRAMOS EN EL FONDO DE NUESTRA MENTE A TRAVÉS DE PENSA-
MIENTOS QUE HAN DE REPETIRSE UNA Y OTRA VEZ HASTA MANIFES-
TARSE EN ACCIONES CONCRETAS Y DEFINIDAS.

> Eres tú quien debe decidir si sigues adelante o vuelves
> atrás; si caminas valerosamente hacia metas
> lejanas o te contentas con permanecer donde
> estás... depende sólo de ti.

La historia del joven que consagró su vida para cambiar al mundo

FÁBULA

po-linearizante soon El tiempo transcurrir
un efecto incompleto, en el temblor ntre,n
había vivido en error, ya que razón alguna

Éste era un joven soñador que al percatarse del mundo en que vivía y el que le iba a dejar a sus hijos, cuando los tuvieran, decidió firmemente cambiarlo. Los mejores años de su existencia los consagró a predicar su filosofía y su verdad por doquier y tristemente veía que sus esfuerzos eran en vano. De pronto decidió continuar, ya no con el mundo sino con su país. Ahí hablaban su mismo lenguaje y le entenderían mejor y, además, si lograba cambiar a su país ¡cambiaría al mundo! Así pues, !os siguientes años se dedicó a recorrerlo y obtuvo el mismo resultado, todo esfuerzo de cambio era inútil. Recapacitó y decidió que empezaría por su ciudad natal; ahí conocía bien las costumbres y creencias y al cambiar a su ciudad natal, ¡cambiaría a su país y después al mundo!

Para este momento ya era todo un hombre y recorrió, predicando, su ciudad confiando de que, por su experiencia, los demás lo seguirían, pero el resultado fue igualmente negativo. El tiempo transcurrió y siendo ya un anciano, recapacitó en el hecho de que toda su vida había vivido en un error, ya que desde el primer día de

su cruzada debió haber empezado con su familia —la
sangre llama— y así, cambiando a su familia cambiaría
a su ciudad, a su país y por último al mundo.

Y fue así como dedicó los años que le quedaban de
vida a tratar de cambiar a la gente más cercana a él, con
los mismos resultados: el cambio jamás se logró.

Ya en su lecho de muerte le sobrevino este pensamiento: "Me equivoqué siempre, si hubiera iniciado el
cambio que tanto deseé con mi propio cambio, el cambio en mí mismo hubiera cambiado mi ciudad, mi país
y mi mundo".

> Tienes la capacidad de descubrir la verdad de la vida
> con sólo comprender que eres único, auténtico e
> individual. Que la vida que te toca vivir es
> tuya; y para disfrutarla debes despertar
> tu entendimiento y sabiduría naturales.

> El proceso de autodescubrimiento es en ocasiones
> dramático y doloroso, requiere de un gran esfuerzo,
> precisamente por esto, la gran mayoría se queda en el camino
> y opta por la resignación, conformándose con lo vivido y
> esperando estérilmente el fin.

¿Qué hacer para permanecer constantemente motivado?

*P*or medio de las preguntas-capítulos que anteceden a éste, he compartido contigo los conceptos que he asimilado a lo largo de mi vida, referentes a:

MOTIVACIÓN = MOTIVOS PARA LA ACCIÓN.

Así de sencillo, encontrar en el quehacer diario la fuerza necesaria para superarte día con día.

¿Te has preguntado alguna vez qué es lo que realmente hace avanzar y conquistar determinada meta?

¿el dinero?, ¿el poder?,

¿la autoridad?, ¿la competencia?,

¿la ambición?, ¿tu egolatría?,

¿la gloria?, ¿lo material?,

¿o acaso tu móvil es el amor que le tienes a la vida, que te hace ser mejor y vivir en un estado completo de felicidad...?

Me inclino a pensar que son las primeras ocho interrogantes las que hacen funcional al grueso de la gente. La razón es muy simple: ES LO QUE HAN APRENDIDO DE LOS DEMÁS. Hoy en día no se estila hablar de valores profundos. ¡Son cursilerías! Hay que ser prácticos... poner los pies sobre la tierra, ya que el tiempo es dinero...

Lo prioritario en la especie humana debería ser el conocimiento profundo de sí mismo, esto proporciona un equilibrio individual y da la respuesta a muchas de las interrogantes que seguramente le agobian.

Sin embargo, para realizar esta tarea, para conocerse y superarse debe existir una motivación genuina, tener verdaderos motivos para actuar.

Pues bien, si pretendo hablar de motivación genuina, debo de referirme a una que sea *duradera e inagotable*. En ocasiones nos confundimos porque se nos ha enseñado a caminar o a lograr determinadas cosas por medio del premio:

"...¡si terminas la tarea, podrás ver la televisión...!"
"... si te bañas te doy un dulce..."
"...¡podrás jugar si dejas de llorar...!"

Pero también creciste con el castigo:

"...si llegas tarde no vuelves a salir a fiestas..."
"...te voy a pegar por hacer berrinches..."
"...si te portas mal te encierro en tu habitación..."

Tanto la motivación del premio como la del castigo son *limitadas*, porque ambas son externas, es decir, el estímulo viene de afuera y por lo tanto llega un momento en que ya no te afecta. Si es por el premio, te dan tantos, que sin darte cuenta condicionas determinadas conductas o actúas si primero lo recibes y si es por un castigo, te amenazan tanto y te quieren controlar, de tal manera en que llega un momento en el que te fastidias y te apartas de quienes te quieren someter.

Por auténtica motivación me refiero a la que surge del fondo de ti y que por ser interna, se genera ininterrumpidamente, te dota de energía y fuerza y se traduce en desbordante de entusiasmo. Quiero confesarte una de mis principales cualidades (quizá sea la única): soy muy entusiasta. Desde chico demostré una alegría singular por las cosas, seguramente la heredé de mi madre, quien refleja el gran amor que le tiene a la vida en cada uno de sus actos. No sé si se herede o no, pero se aprende, se adquiere... muchas personas me han preguntado el "secreto" de mi entusiasmo; y no se trata de estar a carcajada abierta y saltando por cualquier cosa; sino que se proyecta en el brillo de una mirada, en la forma de caminar y de saludar, en la manera de hablar y de escuchar; es un comportamiento tan peculiar que sin pretenderlo te distingue de los demás. Bien, a esas personas dedico lo siguiente:

No fue sino hasta cuando llegué a ser joven, que escuché la raíz etimológica de la palabra ENTUSIASMO = DIOS DENTRO DE TI...

Cuando escuché esta definición, sentí algo muy especial dentro de mí. Han transcurrido 20 años y hasta ahora empiezo a comprender el significado de tan excelsa revelación, que me dispongo a describir, no con el ánimo de convencerte, sino con la única intención de darte a conocer mis ideas, análisis y conclusiones sobre el tema que me dio en forma definitiva MI LIBER-TAD DE PENSAMIENTO.

Estarás de acuerdo con el hecho de que con regularidad asociamos conceptos e ideas cuando escuchamos determinada palabra:

Sexo:
Placer, goce, y en algunos casos, algo inmoral y pecaminoso.

Poder:
Manipulación de masas, represión y algo que hay que aceptar... o temer.

Dios:
Religión, Jesús, dogmas y tema que "más vale no comentar..."

Por esta razón, he cuidado que a lo largo de todo el libro, no se mencione la palabra *Dios*, porque no quise predisponerte, ni correr el riesgo de que pensaras que éste era un tratado religioso. No lo es y en este capítulo vamos a hablar de él como parte de la humanidad misma.

Simplemente dios, con minúscula, cuando me refiero al inventado por el hombre de todos los siglos para explicarse los "misterios" que en torno a su existencia le rodeaban. Al no encontrar una razón lógica de lo que ocurría, tuvo que encontrar interpretaciones metafísicas y espirituales para ubicarse dentro de su contexto, a veces para dominar, otras para dejarse dominar y así nacieron las religiones, en cada una, diferentes dioses, a los que han adorado y venerado permitiendo que sean ellos el centro de la existencia del ser humano, convirtiendo a éste en un ser imperfecto, pecador, dependiente del poder divino. No dudo que en un principio las religiones sirvieron para propiciar el entendimiento entre unos y otros, incluso lo que en ellas se predica, está fuera de discusión, como el principio de amor al prójimo, consignado en la mayoría. Sin embargo, todas las religiones, sin excepción, están cimentadas en dogmas de fe que impiden preguntar y por consiguiente Razonar y pensar por ti mismo, que es lo que he sostenido en

Reta a tu grandeza

Todas las religiones, sin excepción, también te controlan por medio del miedo y el temor al Castigo y te recompensan si acatas y obedeces los designios, con Un premio.

Te son familiares los conceptos, ¿verdad?, desde niño aprendiste a identificarlos y rigen tu comportamiento de adulto... no has cambiado...

Soy católico por herencia y por condicionamiento mental. Doce años en escuela religiosa me convirtieron

en un "creyente" de los postulados de la Iglesia Católica, Apostólica y Romana, con sede en Roma y recono-
ciendo como representante de Dios en la Tierra al Sumo
Pontífice, Su santidad el Papa. A la Biblia me enseña-
ron a considerarla como un libro sagrado, escrito por
seres "iluminados" para dar a conocer al mundo la palabra de Dios. El libro compuesto de dos partes, el
Antiguo y el Nuevo Testamento, hace una cronología
desde los inicios de la humanidad, la formación de la
Tierra, sus primeros habitantes, la expulsión del paraí-
so, su proliferación sobre la Tierra, su integración en
familias, tribus y países, con diferencias básicas en idio-
ma; el pueblo escogido desde hace cinco mil años y su
éxodo en busca de la tierra prometida; las maldiciones
y castigos que se ciernen sobre las sociedades mancha-
das y pecadoras hasta la venida del redentor, Jesús, hijo
unigénito de Dios, que vino a redimirnos con su dolor,
muerte y resurrección y cuya vida y obra están conteni-
das en la segunda parte del libro, escrita esta última por
sus más cercanos discípulos.

La Iglesia, con misas, semana a semana; los sacra-
mentos, que en suma representan los dogmas de fe por
los que me declaraba impío, pecador y malo ante el
Dios Todopoderoso, pidiendo piedad para mi persona
y al suelo, de rodillas, con la vista baja me consideraba
indigno de postrarme dando gracias por haber sido
perdonado y dando también mi dádiva.

Ésta es la iglesia y el libro en los que creí por muchos años. Este planteamiento irónico y muy personal

pudiera ser considerado hereje y blasfemo, ante los oídos de los fanáticos conversadores y ultraderechistas, la reacción probable es de considerarme como del mismo Lucifer. Hablo por mí y de mi experiencia, así es de que he de correr el riesgo de alentar a la gente que está despertando a la Lógica y es a ellos a quienes está dirigido el mensaje.

No puedo seguir permitiendo que se me manipule con premios como el cielo y castigos como el infierno. No puedo reconocer una institución cuya sede me es desconocida y cuyos objetivos considero francamente dudosos; que declara ser "propietaria" del Dios verdadero y observo que sus líderes ostentan no una representación celestial, sino un gran poderío político y económico. No puedo seguir calificando de "sagrado" a un libro que en su primera parte más parece cuento infantil que lo que pretende ser y la segunda fue escrita 300 años después de muerto el protagonista principal, con todas las exageraciones e imprecisiones que implica este hecho contundente, narradas por segundas y terceras voces.

Pienso que Dios no necesita del hombre para extender su palabra, ni tampoco puede ser que Dios tenga pueblos escogidos y consentidos, mucho menos una raza predilecta. No puede ser que casi en el umbral del siglo XXI no se conozca al hombre que con el ejemplo del amor, probablemente haya sido el que más haya influenciado al mundo en los últimos 2 000 años y que lejos de admirarlo y reconocerle en su exacta dimensión, se le use para fincar sobre su imagen, una institución de creencia y de fe; él no instituyó ninguna iglesia. En alguna ocasión escuché a uno de mis grandes maestros, Héctor Tassinari, afirmar:

"...Jesús, como me gusta llamarle: el Carpintero de Nazaret, algún día será reconocido como el hombre que nos enseñó a comunicarnos con Dios, en línea directa, sin intermediarios, por medio del sentimiento puro..."

No puede ser que sean el pecado, el diablo, el infierno, el dolor, la culpa, etc., etc., todo lo negativo, los que normen mi conducta y menos aún LOGRARÁN QUE CONTAMINE A MIS HIJOS CON ESAS BARBARIDADES.

He descrito brevemente mi sentir hacia la religión católica, pero lo mismo pudo haber sido sobre cualquier otra, con los mismos sentidos y las mismas limitaciones.

Cuando mi hijo Eduardo tenía ocho años, un día con extrañeza y a la vez emoción nos comentó que un amigo de él era católico... Recuerdo que mi primera reacción fue explicarle detalladamente con puntos y comas lo que conforma mi ideología, pero me contuve por razones obvias. Acto seguido buscamos en la *Enciclopedia Juvenil Ilustrada* y en la "r" de religiones encontramos descritas más de 30, con sus diferentes dioses, ceremonias y ritos. El niño tomó la información como cualquier conocimiento de historia o geografía y lo asimiló perfectamente. No quiero parecer "padre-cuervo", pero en mi hogar no se habla de lo negativo contenido en las religiones, consideramos nuestra "religión": el amor, la comunicación y la unión que día a día intentamos estrechar más y más; considero que el mejor ejemplo para mis hijos es contar con unos padres felices y respetuosos de los demás. La verdad es que los seres humanos somos cobardes o comodinos. A los temas "difíciles" les damos la vuelta.

Sin pretender cansarte con ejemplos personales, por último te contaré una anécdota que ilustra el punto al cual me quiero referir.

Estuve estudiando primaria y preparatoria en escuelas religiosas y esa experiencia influyó para convertirme en un adulto con miedos y dudas, de las que felizmente me he librado; sin embargo, no quise que mis hijos vivieran lo mismo, por lo que decidimos matricularlos en escuelas laicas para evitarles, en parte, que de adultos pasaran por el tipo de crisis que yo experimenté y también para responsabilizarme de su formación moral. En una reunión, coincidí con uno de mis mejores compañeros de escuela, quien dicho sea de paso, ha logrado una sobresaliente posición económica y me comentó que sus hijos estudiaban en colegios laicos hasta que lo empezaron a "bombardear" con preguntas referentes a la religión y a Dios, al no encontrar confianza en sus contestaciones decidió cambiarlos a una escuela de religiosas para que ellas "aclararan" sus dudas, "... de cualquier manera, fue la misma educación que recibimos, y por lo que veo no nos hizo daño, ¿No es así Eduardo?, concluyó mi amigo.

A esto último es a lo que llamo una posición comodina con respecto a la gran responsabilidad que tenemos con nosotros mismos y para con los demás. No es posible que soslayemos de primera instancia lo que es trascendente en nuestra existencia. La herencia generacional se traslada íntegramente sin cortapisas, "tal cual"; lo mismo en que creyeron tus abuelos, es en lo que creen tus padres y desde luego tú y por consiguiente tus hijos. Me pregunto: ¿Hasta cuándo?... Ahora, deseo dejar bien claro que Creo y aún más, Siento "algo" dentro de mí que es parte del Todo. En otras palabras, creo en el Dios que deduzco con mi razonamiento y no en el dios personal, hombre, juez, que perdona y que castiga.

Mi Dios, con mayúscula, al que puedo llamar de otra forma:

Vida,

Naturaleza,

Poder-Cósmico,

Pensamiento Universal,

Orden,

Energía.

Un Dios bastante distinto al que por siglos ha inventado la mente del hombre. Dios es como es y no como lo piensa la gran mayoría.

Dios es belleza,

Amor,

Grandeza,
Vida,
Luz,
Bondad,
Perfección,
Evolución,
Armonía...

No quiero finalizar esta difícil tarea que me he impuesto al hablar de "mi" DIOS (que también puede ser Tu DIOS) sin concluir que si ÉL vive en mí y lo es Todo, yo soy parte esencial del mismo Todo y por lo tanto, Yo soy parte de DIOS y DIOS ESTÁ DENTRO DE MÍ.

> *A mis tres hijos,*
> *les he inculcado lo que me tardé dos décadas en*
> *descifrar... Dios está dentro de ti.*

> *Dios está en cada instante,*
> *en cada lugar del universo que te*
> *rodea y es majestuosamente superior, que no aspires a*
> *comprenderlo con tu microscópica imaginación.*

El hombre
que creía tener fe

FÁBULA

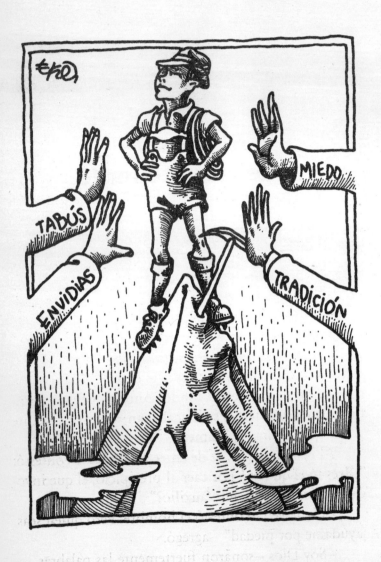

*E*ra un hombre de campo que todos los días daba un paseo por las verdes praderas que rodeaban su casa. Una tarde caminó más allá de lo acostumbrado y se introdujo en terrenos por él desconocidos; la noche lo sorprendió y al querer regresar presuroso, accidentalmente cayó a un profundo acantilado y si no fuera porque milagrosamente se agarró de unas gruesas ramas, se hubiera estrellado irremediablemente. Por eternos minutos quedó colgado del tronco. Arriba de él, a unos diez metros, quedaba el borde por el cual había caído; abajo de sus pies el profundo precipicio que no dejaba ver su fondo. Ante tal peligro y sintiendo que sus fuerzas se le acababan, angustiosamente gritó: "¡Dios mío, ayúdame!"

Al instante una voz de entre las nubes le contestó: "¿Eres tú el que está por caer al precipicio, el que invoca mi nombre pidiendo auxilio?"

—No te veo —contestó el hombre. Pero quien seas, ¡ayúdame por piedad" —agregó.

—Soy Dios —sonaron fuertemente las palabras.

—No puede ser que Dios se esté comunicando conmigo, pero creo que no es el momento para discutir, así es que, quien quiera que seas, ¡aparece y ayúdame! —volvió a suplicar.

—¿Crees en mí? —fue la respuesta.

—¡Claro que creo en ti! —contestó el angustiado campesino.

—Pues si crees en mí ¡suéltate!

Hubo unos segundos de reflexión y después de voltear hacia abajo y ver el precipicio, pasando saliva preguntó:

—¿No habrá otra persona arriba de ti a quien se le pueda ocurrir otra mejor solución a mi problema...?

TU RETO

Eres emoción y te aferras a lo que dicen que es la salvación, como náufrago en tremenda tempestad te haces de una tablita frágil y endeble. Todo tu tamaño está agarrado con las uñas a lo que piensas que es la única alternativa: tus creencias programadas e impuestas en algún momento de tu jornada... tienes que reemplazarlas por la fe en ti...

A manera
de despedida

*U*na de mis frases consentidas es:
"LAS COSAS VAN A SUCEDER", pienso que tú al intentar el cambio para no ser el mismo, ESTÁS HACIENDO QUE SUCEDAN, sin más fórmula que conocerte todos los días, trabajando en el cultivo de tu mente, pensando positivamente en la máxima existencial de vivir a plenitud y así ser feliz.

Jamás tanta gente ha compartido este planeta. En algún lugar por esos tiempos nació el ser humano número cinco mil millones. Este impacto es el alto índice de crecimiento poblacional, agudiza el gran RETO; la grave resultante de las grandes concentraciones sociales: EL HOMBRE-MASA sepultado con toda su impresionante creatividad.

Es preciso que recuperes tu mente, la que perdiste a la edad de dos años cuando etiquetaron con NO tus primeras iniciativas, transformándote de pronto en un títere. Si hubieras nacido en Rusia, hablarías ruso; si hubieras aprendido a manejar en Inglaterra, lo harías desde el asiento derecho, tarde que temprano nos convertimos en lo que el medio llega a hacer de cada uno.

Sálvate por ti mismo y deja de una vez por todas de imitar a la mayoría equivocada, observa cómo ésta se comporta y haz exactamente lo que ellos No se atreven a realizar; te aseguro que todo el mundo se hará a un lado y te dejarán el camino libre y ascendente para que al ponerte de "puntitas" sobre tus pies...

¡Alcances las estrellas!

Tú y yo tenemos tanto en común, que con la confianza de conocerte, haz un alto en el camino y reorienta el rumbo hacia una permanente búsqueda de tu identidad, ya que estoy convencido que debes de reconsiderar el concepto que tienes de ti, que por lo general es equivocado, no obstante de que eres física y mentalmente Único y por lo tanto sin límites más que por aquellos que aceptes o te impongan.

¿Qué? ¿cómo?, ¿dónde?, ¿cuándo?, y ¿por qué?... cinco preguntas cuyas respuestas te proporcionarán una base contundente de hechos que aunados a Tu intuición, tu experiencia, preparación y sentimientos, harán más fácil y con más probabilidades de éxito la decisión que tomes para ¡Cambiar de una vez por todas! Cuando así sea, no flaquees, ni claudiques y verás que tus sueños se materializarán sin duda alguna.

> *No es malo soñar*
> *sino el no tener la determinación suficiente*
> *para convertir los sueños en realidad*

La historia del hombre nos enseña que anteriormente se podía ser lo mismo escultor, que pintor, astrónomo, filósofo, escritor. Hoy en día en las universidades, por lo sofisticado de sus estudios te "especializan" en una sola actividad.

> Salte del cartabón en que te encuentras
> y aspira a ser lo que tu ser te inspire,
> lo demás llega por añadidura

Solamente tienes que:

¡RETAR A TU GRANDEZA!

RETA A TU GRANDEZA, no termina en este libro. ¡EMPIEZA EN TI!

Haz tuyos los conceptos vertidos en estas páginas y llévalos al campo de los hechos, sólo así podrás integrarlos a tu proceso existencial.

¡RECLAMO TU PARTICIPACIÓN!

Yo te RETO a que juzgues lo que haya sido:
revelador,
estimulante,
de reforzamiento,
de reflexión,
novedoso,
lo comentes con los seres a quienes les tengas más confianza y más te importen. Repite tus ideas una y otra

vez; diversos enfoques, pero con la misma esencia: Tu GRANDEZA.

Recuerda:

> *En el servicio de repetición*
> *encontrarás el proceso de aprendizaje*
> *y de autodescubrimiento*

Por experiencia te digo que de nada o poco te servirá que cierres el libro y nunca más vuelvas siquiera a hojearlo o no continúes fortaleciéndote con lecturas similares.

> *Haz de tu superación personal un apostolado,*
> *sólo así la lograrás*

Yo creo firmemente que todos podemos aprender de todos. El "secreto" consiste en que logres sacar lo más profundo de tu ser y lo compartas, sin prejuicios, ni complejos y con la autoridad de sentirte:

¡UN AUTÉNTICO SER HUMANO!